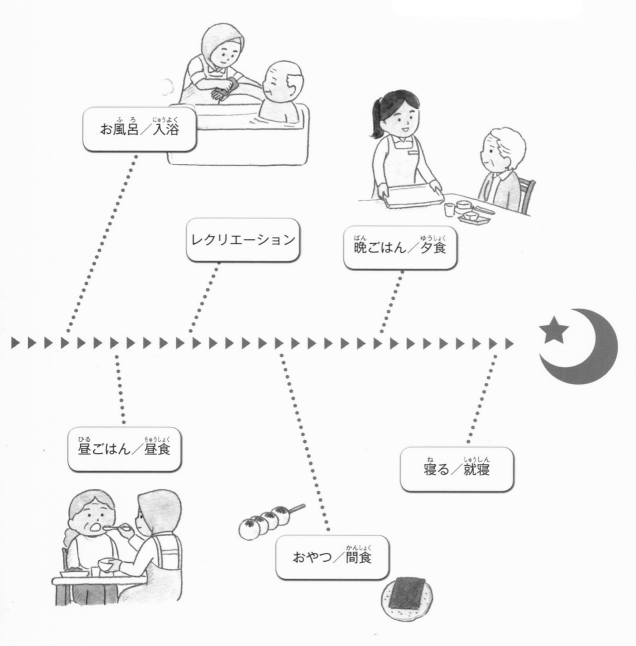

介護のにほんご 1年生

N4レベル 対応

現場でさいしょに使うことば・表現

First words and expressions to use when working in Japan as a caregiver

Từ vựng - Cách diễn đạt dùng trước tiên tại hiện trường chăm sóc ở Nhật

Kosakata dan ungkapan yang digunakan pertama kali di lapangan tempat perawatan manula di Jepang

加藤真実子　奥村恵子　生出亜希　著

ask

はじめに

　この本は、介護の仕事をする外国人が、初級の日本語学習を終えて、はじめて介護の専門日本語を学ぶためのテキストです。介護の現場で働き始めて1年目の外国人スタッフは、日本人スタッフのサポートを受けながら、一通りの業務を担当します。そのときに必要な基礎的な介護の日本語に絞って学べるテキストにしましたので、タイトルに『介護のにほんご1年生』とつけました。

　この本を使って1人で学べるのはもちろん、日本語教師の方や介護現場の日本人スタッフの方が教えるときにも使いやすいよう工夫しています。

　内容は、介護のさまざまな現場を想定し、現場ですぐに使えることばと表現を選びました。また、日本で働く際に知っておいたほうがいいマナーや文化も自然に学べるようになっています。

　さらに日本の現場で働いたことがない人にも理解しやすいように、イラストや翻訳もつけました。

　介護現場で遭遇する場面を順序よく配列してありますが、必要な項目を自由な順番で学習することもできます。

　みなさん、楽しく勉強してください。

加藤真実子、奥村恵子、生出亜希

Preface

This is a textbook for first-time foreign care workers who have finished learning elementary Japanese to study Japanese language. Foreign staff members who have been working at a care giving site for one year are responsible for many duties, and they have support from Japanese staff. This book, entitled "The First Year of Specialized Japanese for Care Giving", is designed to teach the essential Japanese for care giving in such situations.

Various ideas are presented in this book for not only foreign workers learning by themselves, but also for Japanese language teachers or Japanese care giving staff who wish to use it for teaching.

This book includes words and expressions that can be used immediately in care giving sites for various care giving situations. It can also enable readers to learn the manners and culture needed for foreign care givers working in Japan.

Additionally, illustrations and translations are included so that foreign workers who have never worked at care giving sites in Japan can easily follow along.

In this book, situations that one would encounter at care giving sites are arranged in a set order, but you are also free to study any lessons in whatever order you choose.

We hope that you enjoy studying with this book.

Mamiko Kato, Keiko Okumura, Aki Oide

LỜI NÓI ĐẦU

Quyển sách này là giáo trình dành cho người nước ngoài làm công việc chăm sóc học tiếng Nhật chuyên ngành chăm sóc sau khi kết thúc việc học tiếng Nhật sơ cấp. Nhân viên người nước ngoài khi bắt đầu làm việc ở nơi làm công việc chăm sóc, năm đầu tiên sẽ được nhân viên người Nhật hỗ trợ phụ trách xuyên suốt công việc. Đây là giáo trình có thể học tập trung vào tiếng Nhật chuyên ngành chăm sóc cơ bản cần thiết cho thời gian đó nên chúng tôi đặt tên quyển sách là " 介護のにほんご１年生 (Tiếng Nhật chuyên ngành chăm sóc - Lớp 1)".

Chúng tôi đã cố gắng soạn thảo để các bạn không chỉ có thể dùng sách tự học một mình mà còn dễ sử dụng khi nhờ giáo viên tiếng Nhật hay nhân viên người Nhật ở nơi làm công việc chăm sóc chỉ dạy.

Nội dung được chúng tôi giả định là các nơi làm việc khác nhau trong ngành chăm sóc, và chọn ra các từ ngữ và cách diễn đạt có thể sử dụng ngay tại hiện trường. Ngoài ra, chúng tôi còn soạn thảo để các bạn có thể học phép ứng xử và văn hóa nên biết khi làm việc tại Nhật Bản một cách tự nhiên.

Hơn thế nữa, sách còn kèm theo hình vẽ minh họa và bản dịch để cả người chưa từng làm việc tại hiện trường ở Nhật Bản cũng có thể hiểu một cách dễ dàng.

Chúng tôi sắp xếp theo thứ tự các tình huống thường gặp ở nơi làm việc chăm sóc nhưng các bạn có thể tự do học các mục cần thiết theo trình tự của mình.

Chúc các bạn học tập vui vẻ.

Mamiko Kato, Keiko Okumura, Aki Oide

Kata Pengantar

Buku ini adalah buku teks untuk pembelajaran bahasa Jepang khusus bidang perawatan manula tingkat awal bagi orang asing yang bekerja merawat manula dan telah selesai belajar bahasa Jepang tingkat dasar. Staf orang asing yang bekerja di lapangan dalam perawatan manula pada tahun pertama bertanggung jawab pada pekerjaan umum sambil dibimbing oleh staf orang Jepang.Karena buku teks ini disusun dengan memilih bahasa Jepang khusus bidang perawatan manula tingkat dasar yang diperlukan pada tahun pertama tersebut, maka buku teks ini diberi judul "Bahasa Jepang Bidang Perawatan Manula untuk Tahun Pertama".

Buku ini disusun sedemikian rupa agar mudah digunakan selain untuk belajar sendiri bagi orang asing juga bagi pengajar bahasa Jepang atau staf orang Jepang di panti wreda yang mengajari orang asing.

Kami memilih ekspresi bahasa dan kosakata yang langsung bisa digunakan di lapangan berdasarkan berbagai kondisi lapangan dalam perawatan manula.

Selain itu, dilengkapi juga dengan terjemahan dan ilustrasi agar mudah dipahami oleh orang yang belum pernah bekerja di Jepang secara langsung.

Meskipun situasi disusun berdasarkan keadaan perawatan manula di lapangan, dapat juga dipelajari secara bebas urutannya sesuai tema yang diperlukan.

Semoga Anda sekalian dapat belajar dengan menyenangkan.

Mamiko Kato, Keiko Okumura, Aki Oide

もくじ

この本の使い方

① Can-do リスト

　各章には到達目標があります。Can-do リストとして巻頭に一覧を載せました。

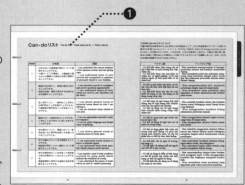

② ウォーミングアップ

　これから学習する内容に関連して、自分の経験を思い出し、どんなことを学ぶのかイメージします。教室なら学習者同士で話し合ってみましょう。

③ 本文　④ ことば

- 介護現場で実際に行われているやりとりや目にする書類をもとに例文を作成しました。

- 語彙は、施設で働き始めて 1 年目に使うことばだけを厳選しました。

- JLPT　N 3 レベル以上の語彙には訳語（英語・ベトナム語・インドネシア語）をつけています。

- 各章の最初に出てきた漢字にはふりがなをつけています。2 回目以降に出てくる漢字にはふりがながありません。介護現場にはたくさんの漢字があります。漢字に慣れましょう。

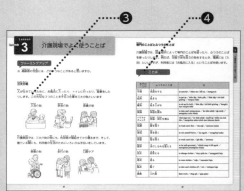

⑤ **やってみよう**

・ 練習問題を解いて、覚えたことを確認
しましょう。

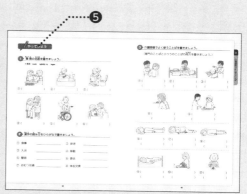

⑥ **ステップアップ**

・ 本を離れて一人で勉強する際の参考に
してください。

・ グループで学習する場合は教室活動例
として使うことができます

⑦ **コラム**

・ 利用者との楽しいコミュニケーション
に役立つ日本文化を紹介しています。

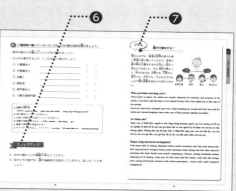

音声ダウンロード

音声マークがある会話には音声があります。音声のダウンロードについては下
記をご覧ください。

https://www.ask-books.com/support/

シリアルコード：92813

How to use this book

① Can-do list

Each chapter includes goals. All of the goals are shown in the Can-do list at the beginning of this book.

② Warming up

You will visualize what is to be learned while remembering your experiences in association with learning the lessons included in this book. If you are in a class setting, discuss things with your classmates.

③ Texts   ④ words

Example sentences are provided based on actual documents or conversations found in care giving sites.

Vocabulary is carefully selected from words that are used in the facility during the first year.

Translations (English/ Vietnamese/ Indonesian) are attached for words that are higher than JLPT level N3.

Furigana (kana syllables written beside Chinese characters to aid in reading) is attached to word that appear for the first time it appears in each chapter. No furigana is attached to words after the

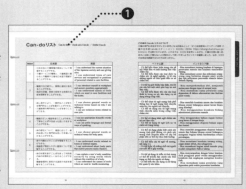

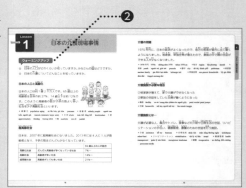

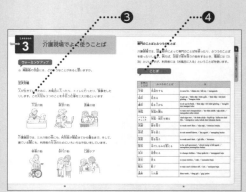

first time they are introduced. Many kanji characters can be seen in care giving situations, try to get used to reading kanji characters.

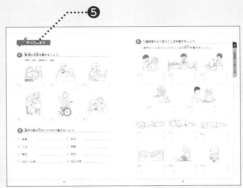

⑤ **Let's try.**

Confirm what you remember by doing exercises.

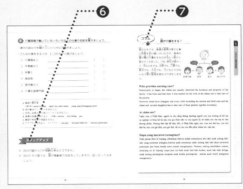

⑥ **Step up**

Use this for the reference when you study by yourself without the book.

You can use this as classroom examples if you are studying in groups.

⑦ **Column**

Japanese culture that is useful to know when communicating with care recipients is also introduced.

Audio download

Accompanying audio files for the conversations that feature voice symbols are attached. Please refer to the following URL for details on how to download the audio.

https://www.ask-books.com/support/

Serial code : 92813

CÁCH SỬ DỤNG QUYỂN SÁCH NÀY

① Danh sách Can-do

Ở các chương có mục tiêu cần đạt được. Chúng tôi sắp xếp danh sách lên đầu quyển như là danh sách Can-do.

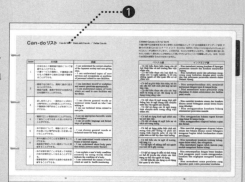

② Khởi động

Liên quan đến nội dung sẽ học sắp tới, bạn nhớ lại kinh nghiệm của mình và hình dung mình sẽ học những điều gì. Nếu ở lớp học, hãy thử nói chuyện với bạn học của mình xem sao nhé.

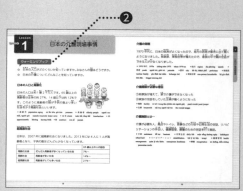

③ Nội dung chính - ④ Từ vựng

· Chúng tôi đã soạn thảo câu ví dụ dựa trên các trao đổi được tiến hành trên thực tế và các hồ sơ sẽ gặp ở nơi làm việc chăm sóc.

· Chúng tôi đã chọn lọc những từ vựng chỉ dùng trong năm đầu tiên khi mới bắt đầu làm việc ở cơ sở chăm sóc.

· Có kèm phần dịch (tiếng Anh, tiếng Việt, tiếng Indonesia) cho các từ vựng trình độ JLPT N3 trở lên.

· Có kèm cách đọc của những chữ Hán xuất hiện lần đầu ở các chương. Chữ Hán xuất hiện lần thứ 2 trở đi thì không

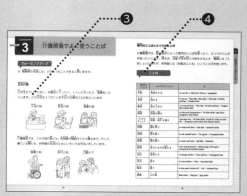

có kèm cách đọc. Ở nơi làm việc chăm sóc có rất nhiều chữ Hán. Các bạn hãy cố gắng làm quen với chữ Hán nhé.

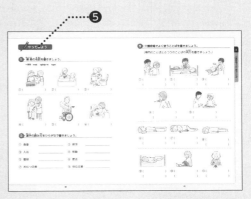

⑤ Thử làm xem nào

· Hãy giải bài luyện tập và kiểm tra những gì đã học.

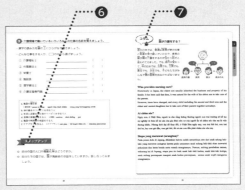

⑥ Tăng cường

· Hãy rời sách và tham khảo khi học một mình.

· Trường hợp học theo nhóm thì có thể sử dụng như ví dụ hoạt động trong lớp học.

⑦ Góc kiến thức

· Giới thiệu văn hóa Nhật Bản có ích để giao tiếp vui vẻ với người sử dụng.

Tải âm thanh

Phần hội thoại có dấu âm thanh sẽ có phần ghi âm. Vui lòng xem đường dẫn dưới đây để tải về.

https://www.ask-books.com/support/

Mã sản xuất (Serial code)：92813

Cara Pemakaian Buku Ini

① Daftar Can-do

Setiap bab memiliki tujuan tersendiri. Daftar Can-do ditulis satu kesatuan di bagian awal.

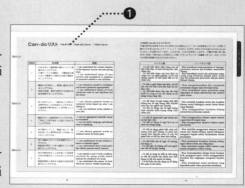

② Pemanasan

Pada bagian ini, Anda dituntut membayangkan apa yang akan dipelajari sambil mengingat kembali pengalaman pribadi yang berkaitan dengan isi dari bagian yang akan dipelajari. Kalau berupa pembelajaran di kelas, marilah saling berbicara sesama peserta belajar.

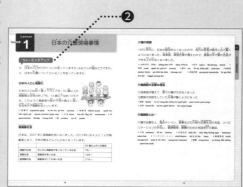

③ Kalimat Utama · ④ Kosa kata

- Kami menyusun contoh kalimat berdasarkan dokumen yang kami lihat dan juga komunikasi yang dilakukan secara nyata dalam pekerjaan lapangan perawatan manula.
- Kami menyeleksi secara ketat kosa kata yang digunakan hanya pada tahun pertama setelah mulai bekerja di panti wreda.
- Kosakata yang digunakan dalam Ujian Kemampuan Bahasa Jepang N3 ke atas dilengkapi dengan terjemahan bahasa Inggris, bahasa Vietnam, dan bahasa Indonesia.
- Huruf kanji di setiap bab dilengkapi cara bacanya pada saat muncul pertama kali.

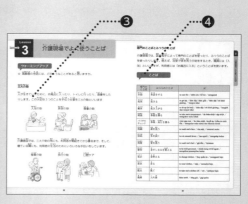

Huruf kanji yang sama tidak dilengkapi cara bacanya pada kemunculan kedua dan seterusnya. Pada pekerjaan lapangan perawatan manula juga banyak menggunakan huruf Kanji. Mari membiasakan diri dengan huruf Kanji.

⑤ **Mari mencoba melakukan!**
   · Mari mengecek hal yang sudah diingat dengan mengerjakan soal latihan.

⑥ **Peningkatan kemampuan**
   · Gunakanlah sebagai acuan pada waktu belajar sendiri tanpa melihat buku!
   · Dapat digunakan sebagai contoh kegiatan kelas pada pembelajaran kelompok.

⑦ **Kolom**
   · Kami memperkenalkan budaya Jepang yang bermanfaat untuk berkomunikasi secara menyenangkan dengan pengguna panti wreda.

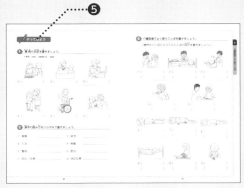

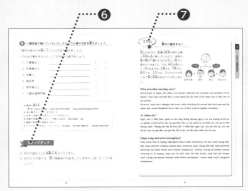

Mengunduh file audio.

Pada percakapan dengan tanda bunyi audio, disediakan rekaman bunyi audio. Untuk mengunduh rekaman bunyi audio, silakan lihat laman di bawah ini!

https://www.ask-books.com/support/

Nomor kode serial: ：92813

Can-doリスト Can-do list ／ Danh sách Can-do ／ Daftar Can-do

lesson	日本語	英語
1	・日本社会と介護現場の現状について理解することができる。 ・介護サービスの種類と、介護施設に関わる人の職業や立場を日本語で理解することができる。	- I can understand the current situation of the Japanese society and care giving sites. - I can understand types of care services and occupations or positions of personnel related to care facilities.
2	・職場で自己紹介し、質問に適切に答えることができる。 ・施設の設備、業務で使用する用具の名前を理解することができる。	- I can introduce myself at workplace and answer questions appropriately. - I can understand names of tools which are used in care facilities and the duties.
3	・話し相手により、一般的なことばまたは専門的なことばを選ぶことができる。 ・介護業務の専門的なことばを使うことができる。	- I can choose general words or technical terms based on who I am talking to. - I can use technical terms related to care jobs.
4	・職場で正しい敬語を使うことができる。 ・丁寧なことばや改まった言い方をすることができる。	- I can use appropriate honorific words at workplace. - I can use polite language and formal ways of speaking.
5	・体の部位について、場面に応じて一般的な言い方と専門的な言い方を使い分けることができる。	- I can choose general words or technical terms for body parts.
6	・骨や内臓などのことばを理解することができる。 ・高齢者が骨折しやすい箇所について理解することができる。	- I can understand words related to bones or internal organs. - I can understand about body parts that elderly persons easily fracture.
7	・体の状態を表すことばを使って利用者の体の状態を正しく伝えることができる。 ・健康管理時に使用する道具の名前を理解することができる。	- I can explain a user's body condition correctly by using words which indicate the condition of a body. - I can understand the names of tools which are used in health monitoring.

この本の Can-do リストについて

介護の専門日本語を学ぶときに参考となる枠組みとして「JF 日本語教育スタンダード参照 介護の日本語 Can-do ステートメント（KCDS）」©ERIA（http://nihongo.hum.tmu.ac.jp/KCDS/）」が公開されています。この本では、KCDS を参考にしながら、介護の仕事に就く前、あるいは就いて間もない人が教材として使いやすいようにリストを編集しました。なお、KCDS の全項目を網羅するものではありません。

ベトナム語	インドネシア語
- Có thể hiểu được hiện trạng của xã hội Nhật Bản và môi trường làm việc chăm sóc. - Có thể hiểu được các loại dịch vụ chăm sóc và nghề nghiệp, vị trí của những người có liên quan đến cơ sở chăm sóc.	- Bisa memahami tentang keadaan di lapangan perawatan manula dan keadaan masyarakat Jepang. - Bisa memahami posisi dan pekerjaan orang-orang yang berkaitan dengan panti wreda dan tipe pelayanan perawatan manula dalam Bahasa Jepang.
- Có thể tự giới thiệu bản thân, trả lời các câu hỏi một cách phù hợp tại nơi làm việc. - Có thể hiểu được tên của các loại thiết bị trong cơ sở, tên dụng cụ sử dụng trong công việc.	- Bisa memperkenalkan diri, menjawab pertanyaan dengan tepat di tempat kerja. - Bisa memahami nama peralatan yang digunakan di dalam administrasi dan fasilitas panti wreda.
- Có thể chọn từ ngữ mang tính phổ thông hay từ ngữ mang tính chuyên môn tùy vào người nói chuyện. - Có thể sử dụng các từ ngữ mang tính chuyên môn trong công việc chăm sóc.	- Bisa memilah kosakata umum dan kosakata khusus sesuai bidangnya sesuai lawan bicara yang dihadapi. - Bisa menggunakan kosakata bidang administrasi perawatan manula
- Có thể sử dụng kính ngữ chính xác tại nơi làm việc. - Có thể sử dụng từ ngữ lịch sự và cách nói trang trọng.	- Bisa menggunakan bahasa ragam hormat yang benar di tempat kerja. - Bisa menggunakan ekspresi bahasa sopan dan formal.
- Có thể sử dụng phân biệt cách nói mang tính phổ thông và cách nói mang tính chuyên môn về các bộ phận trên cơ thể tùy theo tình huống.	- Bisa memilah penggunaan ekspresi bahasa umum dan bahasa khusus sesuai bidangnya mengenai bagian tubuh berdasarkan situasi percakapan.
- Có thể hiểu các từ ngữ về xương, nội tạng v.v. - Có thể hiểu về những chỗ mà người cao tuổi dễ bị gãy xương.	- Bisa memahami kosakata tentang tulang, organ dalam tubuh, dan sebagainya. - Bisa memahami bagian tubuh manula yang mudah mengalami fraktur tulang.
- Có thể sử dụng từ diễn tả tình trạng cơ thể để truyền đạt chính xác tình trạng cơ thể của người sử dụng. - Có thể hiểu tên các dụng cụ sử dụng khi quản lý sức khỏe.	- Bisa menyampaikan dengan benar keadaan fisik pengguna panti wreda menggunakan kosakata dan ungkapan mengenai kondisi fisik. - Bisa memahami nama peralatan yang digunakan pada waktu perawatan kesehatan.

lesson	日本語	英語
8	・病名と症状を表すことばを使って利用者の体の状態を正しく伝えることができる。	- I can explain a user's body condition correctly by using words which indicate the names of diseases and symptoms.
9	・介護の現場で使われる「様子をあらわすことば（オノマトペ）」を知り、利用者の様子、訴えを理解することができる。	- I can understand a user's situation or complain, knowing "words which show the state of a thing (onomatopoeia)" used in care giving sites.
10	・介護記録から必要な情報を読みとることができる。 ・正確でわかりやすい記録を書くことができる。	- I can read essential information from care records. - I can make a precise and clear record.
11	・申し送りを聞いて重要な内容だけをメモし、全体像をわかりやすく説明できる。 ・重要なことがらが何かを考え、利用者の状態を正しく簡潔に伝えることができる。	- I can explain the complete picture, listening to what is transferred and taking notes of only important contents. - I can explain a user's situation correctly and clearly, considering what is important.
12	・介助場面に応じた適切な声掛けをすることができる。 ・利用者の話を傾聴し、共感することができる。	- I can talk to a user appropriately according to care giving situations. - I can listen to a user's talk and sympathize with him/her.
13	・施設内にある掲示物やマニュアルを読むことができる。	- I can read manuals or notices in the care facility.
14	・勤務時に起こり得る事故や災害の種類がわかる。 ・ヒヤリハット・事故報告書の意図がわかる。	- I can recognize types of accidents or disaster which can occur during duty hours. - I can understand intentions of unsafe incidents/accident reports.

ベトナム語	インドネシア語
- Có thể sử dụng các từ diễn tả tên bệnh, triệu chứng bệnh để truyền đạt chính xác tình trạng cơ thể của người sử dụng.	- Bisa menyampaikan dengan benar mengenai keadaan fisik pengguna panti wreda menggunakan kosakata dan ungkapan mengenai nama penyakit dan gejala penyakit.
- Biết "từ ngữ diễn đạt tình trạng (từ tượng thanh, từ tượng hình)" được sử dụng ở nơi làm việc chăm sóc, có thể hiểu được tình trạng, lời nói của người sử dụng.	- Bisa memahami keluhan dan kondisi pengguna panti wreda dan mengetahui 'kata yang mengungkapkan keadaan (onomatope)' yang digunakan di dalam perawatan manula.
Có thể đọc các thông tin cần thiết trong các ghi chép chăm sóc. - Có thể ghi chép chính xác và dễ hiểu.	- Bisa membaca informasi yang diperlukan dari rekaman catatan perawatan manula. - Bisa menulis rekaman catatan dengan akurat dan mudah dipahami
- Có thể nghe truyền đạt và viết ghi chú chỉ những nội dung quan trọng, giải thích tình hình tổng thể một cách dễ hiểu. - Có thể suy nghĩ việc quan trọng là gì và truyền đạt chính xác, rõ ràng trạng thái của người sử dụng.	- Dapat mendengar dan kemudian mencatat bagian yang penting dari informasi yang diterima dari petugas sebelumnya dan bisa menjelaskan gambarannya secara keseluruhan dengan mudah dimengerti. - Dapat menyampaikan dengan padat dan jelas secara benar mengenai keadaan pengguna panti wreda menurut hal-hal yang dinilai penting.
- Có thể bắt chuyện phù hợp với tình huống chăm sóc. - Có thể lắng nghe và đồng cảm với câu chuyện của người sử dụng.	- Dapat menyapa dengan tepat sesuai situasi perawatan. - Dapat mendengarkan penuh perhatian pembicaraan pengguna panti wreda dan berempati.
- Có thể đọc thông báo và hướng dẫn trong cơ sở.	- Dapat membaca manual petunjuk, pengumuman dan sebagainya yang ada di panti wreda.
- Hiểu được các loại sự cố, tai họa có thể xảy ra khi làm việc. - Hiểu được mục đích của bản báo cáo cận nguy - báo cáo sự cố.	- Memahami tipe bencana dan kecelakaan yang mungkin terjadi pada saat bekerja. - Memahami maksud dan tujuan laporan kecelakaan dan kesalahan kecil yang disusun.

日本の介護現場事情

ウォーミングアップ

☆ 日本の人口がどのくらいか知っていますか。みなさんの国はどうですか。

☆ 日本の介護についてどんなことを知っていますか。

日本の人口と高齢化

日本の人口は約1億2千万人です。65歳以上の高齢者は全体の約27%、14歳以下は約12%です。このように高齢者の数が子供の数より多い社会を少子高齢社会といいます。

＊高齢化 population aging ／ sự lão hóa, già hóa ／ penuaan　＊高齢者 elderly people ／ người cao tuổi, người già ／ manula (manusia lanjut usia)　＊全体 whole ／ toàn thể, tổng thể ／ keseluruhan　＊約 approximately ／ khoảng ／ kurang lebih　＊数 numbers ／ con số ／ jumlah

超高齢社会

日本は、2007年に超高齢社会になりました。2013年には4人に1人が高齢者となり、子供の数はどんどん少なくなっています。

		65歳以上の人の割合
高齢化社会	だんだん高齢者が多くなっている社会	7%〜
高齢社会	高齢者が多い社会	14%〜
超高齢社会	高齢者がとても多い社会	21%〜

介護の問題

1970年代に、日本の経済がよくなったので、地方の若者が都市に出て働くようになりました。核家族、単独世帯が増えたので、家族の中で親の世話ができる人が少なくなりました。

＊1970年代　1970s ／ những năm 1970 ／ tahun 1970-an　　＊地方　region ／ địa phương ／ daerah
＊若者　youth ／ người trẻ, giới trẻ ／ pemuda　　＊都市　city ／ đô thị, thành phố ／ perkotaan　　＊核家族　nuclear family ／ gia đình hạt nhân ／ keluarga inti　　＊単独世帯　one-person households ／ hộ gia đình đơn độc ／ tinggal seorang diri

介護施設が必要な理由

①核家族が増えて、家で介護ができなくなった
②家族の世話をしていた主婦が働くようになった

＊施設　facility ／ cơ sở ／ trung tâm (chăm sóc người già) ／ panti wreda/ panti jompo
＊主婦　housewife ／ nội trợ, người nội trợ ／ ibu rumah tangga

介護施設とは…

介護が必要な人に、風呂やトイレ、食事などの介助や日常生活の世話、リハビリテーションの手伝い、健康管理、療養のための世話を行う施設。

＊介助　assistance ／ hỗ trợ ／ bantuan　　＊日常生活　daily life ／ cuộc sống thường ngày ／ kehidupan sehari-hari　　＊リハビリテーション　rehabilitation ／ vật lý trị liệu ／ terapi　　＊健康管理　health management ／ quản lý sức khỏe ／ manajemen kesehatan　　＊療養　recuperation ／ an dưỡng, điều dưỡng ／ perawatan medis

1 サービスの種類　type of service ／ Các loại dịch vụ ／ jenis pelayanan

訪問介護

利用者が自宅で介護を受けるサービス。

nursing care service in which care workers visit care recipients' houses ／
Là dịch vụ mà nhân viên chăm sóc đến nhà người sử dụng để chăm sóc. ／
Pelayanan perawatan berupa kunjungan petugas pramurukti ke rumah manula pengguna panti wreda.

通所介護（デイサービス）

要介護者が施設に通って介護を受けるサービス。

nursing care service in which care recipients have access to nursing care facilities ／
Là dịch vụ mà người sử dụng đến trung tâm chăm sóc để được chăm sóc. ／
Pelayanan perawatan yang diperoleh manula pengguna panti wreda dengan datang secara harian ke panti wreda.

介護老人福祉施設（特別養護老人ホーム）

利用者が滞在して介護を受ける施設。

nursing care facility where care receivers stay ／
Là trung tâm mà người cần chăm sóc sẽ lưu trú để được chăm sóc. ／
Panti wreda dimana manula pengguna panti wreda mendapatkan pelayanan perawatan selama berada di panti wreda.

介護老人保健施設（老人保健施設）

病院から退院した後、利用者が一定期間滞在して介護を受ける施設。

nursing care facility where care recipients receive care for a certain length of time after leaving the hospital ／
Là trung tâm mà người cần chăm sóc sẽ lưu trú trong một thời gian nhất định để được chăm sóc sau khi đã xuất viện. ／ Panti wreda dimana orang yang memerlukan perawatan tinggal selama waktu tertentu di panti wreda setelah opname di rumah sakit.

障害者施設

障害者を介護する施設。

nursing care facility for people with disabilities ／ Là trung tâm chăm sóc người khuyết tật. ／
Panti sosial untuk penyandang cacat.

地域包括ケア

地域、医療機関、介護施設が連携して高齢者の健康を守ること。

Regions, medical institutions, and nursing care facilities cooperate with one another to protect the health of elderly people. ／ Là việc cộng đồng, cơ quan y tế, trung tâm chăm sóc liên kết để bảo vệ sức khỏe người cao tuổi ／ Pemeliharaan kesehatan manula yang melibatkan kerjasama daerah, institusi kesehatan dan panti wreda.

②　施設で働く人

	英語	ベトナム語	インドネシア語
施設長	facility director	giám đốc cơ sở / trung tâm (chăm sóc người già)	kepala panti wreda
事務長	head official	trưởng đại diện văn phòng	kepala bagian administrasi
主任／リーダー	chief/leader	chủ nhiệm / tổ trưởng	pimpinan
職員	staff	nhân viên	karyawan
担当者	person in charge	người phụ trách	penanggungjawab tugas
医師／医者	doctor	bác sĩ	dokter
看護師	nurse	y tá, điều dưỡng viên	perawat medis
薬剤師	pharmacist	dược sĩ	apoteker
理学療法士 (PT)	physical therapist	chuyên viên vật lý trị liệu	terapis fisik
作業療法士 (OT)	occupational therapist	chuyên viên trị liệu nghề nghiệp	terapis fungsi tubuh
言語聴覚士 (ST)	speech therapist	chuyên viên trị liệu ngôn ngữ và thính giác	terapis wicara dan pendengaran
栄養士	nutritionist	chuyên gia dinh dưỡng	ahli gizi
社会福祉士	social worker	nhân viên phúc lợi xã hội	pekerja sosial bersertifikasi
介護福祉士	care worker	nhân viên chăm sóc người già (có chứng chỉ quốc gia)	pramurukti (pekerja kesejahteraan) bersertifikasi

介護支援専門員 (ケアマネジャー)	long-term care support specialist	nhân viên quản lý chăm sóc người già	pramurukti spesialis/ahli
訪問介護員 (ホームヘルパー)	visiting care worker	nhân viên chăm sóc tại nhà	pramurukti yang merawat di rumah pasien
ボランティア	volunteer	tình nguyện viên	sukarelawan
生活相談員	living consultant	nhân viên tư vấn sinh hoạt	konsultan tentang kehidupan sehari-hari

3 施設を利用する人 facility care recipient ／ người sử dụng trung tâm ／ Orang yang menggunakan panti wreda

利用者	care recipient	người sử dụng, khách sử dụng trung tâm (chăm sóc người già)	pengguna (panti wreda)
通所者	person who uses a day service	người sử dụng/bệnh nhân ngoại trú	pasien harian
入所者／入居者	resident	người sử dụng/ bệnh nhân nội trú	pasien yang masuk panti
退所者／退去者	care recipient who leaves a nursing home	người rời trung tâm / người đã điều trị xong	pasien yang keluar panti
障害者	handicapped person	người khuyết tật	penyandang cacat, disabilitas

やってみよう

1 （　　　）の中に正しい答えを書きましょう。

①日本の人口は何人ですか。　約（　　　　　　　　　　）人

②高齢社会について正しい答えを下から選び、（　）に書きましょう。

　a. 高齢化社会　（　　　　　　　　　　　　　　　　　　）

　b. 高齢社会　　（　　　　　　　　　　　　　　　　　　）

　c. 超高齢社会　（　　　　　　　　　　　　　　　　　　）

高齢者がとても多い社会　だんだん高齢者が多くなっている社会　高齢者が多い社会

2 （　　　）の中に合うことばを入れましょう。

　1970年代に、日本の経済がよくなったので、地方の（①　　　　　）が
都市に出て働くようになりました。　（②　　　　　）、（③　　　　　）が増え、
（④　　　　　）の中で親の世話ができる人が少なくなりました。

③ 介護現場で働いているいろいろな人の仕事の名前を覚えましょう。

・漢字の読み方を線の上にひらがなで書きましょう。

・どんな仕事をする人か、□の中から選びましょう。

① 介護福祉士 ＿＿＿＿＿＿＿＿＿＿＿＿＿＿＿ （　　　）

② 作業療法士 ＿＿＿＿＿＿＿＿＿＿＿＿＿＿＿ （　　　）

③ 栄養士 ＿＿＿＿＿＿＿＿＿＿＿＿＿＿＿ （　　　）

④ 施設長 ＿＿＿＿＿＿＿＿＿＿＿＿＿＿＿ （　　　）

⑤ 理学療法士 ＿＿＿＿＿＿＿＿＿＿＿＿＿＿＿ （　　　）

⑥ 介護支援専門員 ＿＿＿＿＿＿＿＿＿＿＿＿＿＿＿ （　　　）

---

a. 施設の責任者

　＊責任者＝ person in charge ／ người chịu trách nhiệm ／ orang yang bertanggung jawab

b. 体の動きのリハビリを手伝う人

c. 生活に必要な心と体のリハビリを手伝う人

d. 食事の栄養を考える人　＊栄養＝ nutrition ／ dinh dưỡng ／ gizi

e. 施設で利用者の世話をする人

f. ケアプランを作る人　＊ケアプラン＝ care plan ／ kế hoạch chăm sóc ／ rencana perawatan

---

ステップアップ

☆ 自分の国の人口や高齢化率はどうですか。

☆ 自分たちの国では、誰が高齢者の世話をしていますか。話し合ってみましょう。

<ruby>誰<rt>だれ</rt></ruby>が介護をする？

<ruby>昔<rt>むかし</rt></ruby>の日本では、<ruby>普通<rt>ふつう</rt></ruby>は<ruby>長男<rt>ちょうなん</rt></ruby>が家の仕事と<ruby>財産<rt>ざいさん</rt></ruby>を<ruby>受<rt>う</rt></ruby>け<ruby>継<rt>つ</rt></ruby>いでいたので、長男の<ruby>妻<rt>つま</rt></ruby>が<ruby>親<rt>おや</rt></ruby>の<ruby>介護<rt>かいご</rt></ruby>をするのが<ruby>当<rt>あ</rt></ruby>たり<ruby>前<rt>まえ</rt></ruby>だと<ruby>言<rt>い</rt></ruby>われてきました。でも、<ruby>時代<rt>じだい</rt></ruby>が<ruby>変<rt>か</rt></ruby>わって、<ruby>今<rt>いま</rt></ruby>の日本では、<ruby>次男<rt>じなん</rt></ruby>でも、<ruby>三男<rt>さんなん</rt></ruby>でも、<ruby>長女<rt>ちょうじょ</rt></ruby>でも、<ruby>次女<rt>じじょ</rt></ruby>でも、<ruby>子<rt>こ</rt></ruby>どもたちがみんなで親の<ruby>面倒<rt>めんどう</rt></ruby>を見なければなりません。

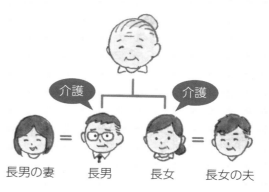

介護　　　　　介護

長男の妻　　長男　　長女　　長女の夫

Who provides nursing care?

Historically in Japan, the eldest son usually inherited the business and property of his family. It has been said that then, it was natural for the wife of the eldest son to take care of the parents.

However, times have changed, and every child including the second and third sons and the eldest and second daughters has to take care of their parents together nowadays.

Ai chăm sóc?

Ngày xưa, ở Nhật Bản, người ta cho rằng thông thường người con trai trưởng sẽ kế tục sự nghiệp và thừa kế tài sản của gia đình nên vợ của người ấy sẽ chăm sóc cha mẹ là việc đương nhiên. Nhưng thời đại đã thay đổi, ở Nhật Bản ngày nay, con trai thứ hai, con trai thứ ba, hay con gái đầu, con gái thứ, tất cả các con đều phải chăm sóc cha mẹ.

Siapa yang merawat (orangtua)?

Pada jaman dulu di Jepang, dikatakan bahwa sudah semestinya istri dari anak sulung laki-laki yang merawat orangtua karena pada umumnya anak sulung laki-laki akan mewarisi pekerjaan dan harta benda serta rumah orangtuanya. Namun, seiring perubahan zaman, sekarang ini di Jepang, siapa pun itu baik anak laki-laki kedua, anak laki-laki ketiga, anak sulung perempuan maupun anak kedua perempuan, semua anak wajib mengurus orangtuanya.

自己紹介

☆ 自己紹介をするとき、どんなことを言いますか

☆ みなさんはおじぎをしたことがありますか。

＊自己紹介 self-introduction ／ tự giới thiệu ／ perkenalan diri

＊おじぎ bow ／ cúi chào ／ membungkukkan badan sebagai tanda hormat

人前で自己紹介をする

1. あいさつ

はじめまして。

おはようございます。／こんにちは。／こんばんは。

2. 自分の名前

・（名前）と申します／といいます。

・（ニックネーム）と呼んでください。

3. 出身地

・（国／主要都市）からまいりました。／来ました。

・（町）というところからまいりました。／来ました。

・（国／主要都市）出身です。

＊出身 birthplace ／ xuất thân ／ asal   ＊出身地 birthplace ／ quê quán, nơi xuất thân ／ Daerah asal

＊主要都市 major city ／ thành phố lớn ／ kota-kota besar

4．抱負

＊抱負　ambition ／ khát vọng ／ harapan

・〜ようになりたいです。
・将来は、〜たいです。

例) 日本語が上手に話せるようになりたいです。
　　早く仕事を覚えたいです。
　　いい介護士になりたいです。

5．あいさつ

どうぞ、よろしくお願いいたします。

自己紹介の例

🔊 01

はじめまして。（おじぎ）
ジェームスと申します。フィリピンのマニラからまいりました。
早く、仕事ができるようにがんばります。
将来は、介護福祉士になって日本で働きたいと思います。
どうぞ、よろしくお願いいたします。（おじぎ）
※自己紹介では必ずおじぎをしましょう。

1

チャン：はじめまして。グェン・ティ・チャンと申します。

高橋（たかはし）：グェン……？

チャン：グェン・ティ・チャンです。チャンと呼んでください。

ベトナムのフエというところから来ました。

高橋：ベトナムは遠（とお）いの？

チャン：遠くないですよ。直行便（ちょっこうびん）なら5時間（じかん）くらいです。

＊直行便
direct flight ／
chuyến bay thẳng ／
penerbangan langsung

高橋：そうですか。でも、たいへんですね。

チャン：いえ。どうぞよろしくお願いいたします。

高橋：こちらこそよろしくお願いします。

＊＊＊＊＊

2

伊藤（いとう）：日本の食（た）べ物（もの）はだいじょうぶですか。

エマ：はい、好（す）きです。日本の食べ物はおいしいです。

伊藤：そうですか。仕事はどうですか。

エマ：忙（いそが）しいですが、楽（たの）しいです。

伊藤　：楽しいですか。でも、どうして日本で働こうと思ったんですか？

エマ　：子供のころから日本のアニメが好きで、日本に来てみたかったんです。

伊藤　：アニメね！　あ、頭にかぶっているもの、かわいいですね。

エマ　：ありがとうございます。ジルバブ^{（※）}っていうんです。

伊藤　：どうしてかぶっているの？

エマ　：イスラム教のルールなんです。

※「ヒジャブ」など、他の呼び方もあります。

＊＊＊＊＊

3

施設長：施設長の田中です。施設の中を案内します。ここが事務室です。私はいつもここにいますから、わからないことがあったら聞いてください。

ジェームス：はい。ありがとうございます。よろしくお願いいたします。

ことば

1 施設

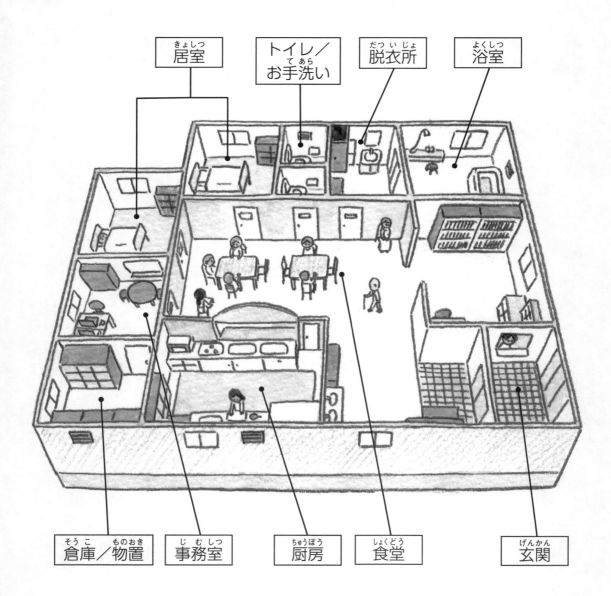

きょしつ
居室

トイレ／
おてあらい
お手洗い

だついじょ
脱衣所

よくしつ
浴室

そうこ　ものおき
倉庫／物置

じむしつ
事務室

ちゅうぼう
厨房

しょくどう
食堂

げんかん
玄関

② 居室

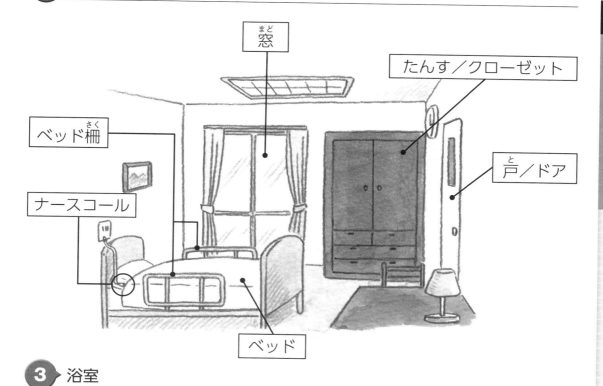

窓

たんす／クローゼット

ベッド柵

ナースコール

戸／ドア

ベッド

③ 浴室

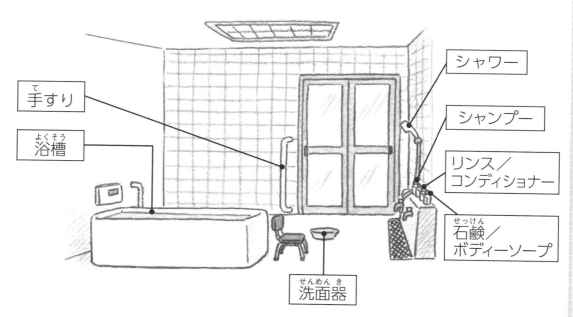

手すり

浴槽

シャワー

シャンプー

リンス／
コンディショナー

石鹸／
ボディーソープ

洗面器

＊シャンプー　shampoo ／ dầu gội đầu ／ shampo
＊リンス、コンディショナー　hair conditioner ／ dầu xả ／ kondisiner rambut
＊石鹸、ボディーソープ　soap/body wash ／ xà bông cục/xà bông tắm ／ sabun, sabun mandi

4 脱衣所

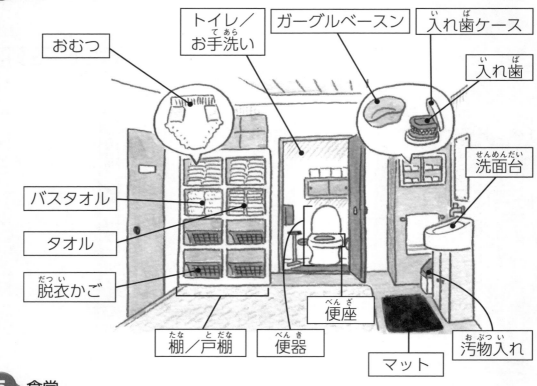

おむつ

トイレ／
お手洗い

ガーグルベースン

入れ歯ケース

入れ歯

バスタオル

タオル

脱衣かご

洗面台

便座

棚／戸棚

便器

マット

汚物入れ

5 食堂

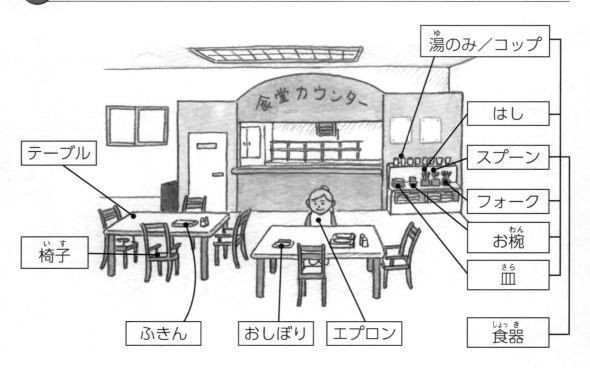

湯のみ／コップ

はし

テーブル

スプーン

フォーク

椅子

お椀

皿

ふきん

おしぼり

エプロン

食器

6 その他　　others ／ Các từ vựng khác ／ dan sebagainya

	英語	ベトナム語	インドネシア語
通路	passage	lối đi	koridor ruangan
階段	stairs	cầu thang	tangga
室内	indoor	trong phòng	dalam ruangan
室外	outdoor	ngoài trời	luar ruangan
機能訓練室（リハビリテーション室）	rehabilitation room	phòng tập chức năng (phòng vật lý trị liệu)	ruang terapi
診察室 ／ 診療室	consultation room	phòng khám bệnh	ruang periksa
静養室	lounge	phòng nghỉ tĩnh dưỡng	ruang istirahat
面会室 ／ 面談室	visiting room	phòng gặp mặt	ruang kunjungan/ ruang konsultasi
非常口 ／ 避難口	emergency exit	cửa thoát hiểm / cửa lánh nạn	pintu darurat
消化器	fire extinguisher	bình cứu hỏa	alat pemadam api
設備	facility	thiết bị	alat perlengkapan
送迎車	courtesy car	xe đưa đón	mobil antar jemput
下駄箱	shoe box	tủ / kệ giày	rak sepatu
掲示板	bulletin board	bảng thông báo	papan pengumuman

<ruby>金庫<rt>きんこ</rt></ruby>	safe	két sắt	brankas besi
<ruby>公衆電話<rt>こうしゅうでんわ</rt></ruby>	public telephone	điện thoại công cộng	telepon umum
<ruby>空気清浄機<rt>くうきせいじょうき</rt></ruby>	air cleaning machine	máy lọc không khí	mesin pembersih udara
コンセント	electric outlet	ổ cắm	soket listrik
ホワイトボード	whiteboard	bảng trắng	papan tulis
ふせん	tag	giấy viết ghi chú	kertas label

1 線の上にことばを書きましょう。

①自己紹介をしましょう。

(はじめのあいさつ)　　　(名前)

＿＿＿＿＿＿＿＿＿＿＿＿、＿＿＿＿＿＿＿＿＿＿＿＿＿

(出身地)

＿＿＿＿＿＿＿＿＿＿＿＿＿＿＿＿＿＿＿＿＿＿＿＿＿＿＿＿

(抱負)

＿＿＿＿＿＿＿＿＿＿＿＿＿＿＿＿＿＿＿＿＿＿＿＿＿＿＿＿

(終わりのあいさつ)

＿＿＿＿＿＿＿＿＿＿＿＿＿＿＿＿＿＿＿＿＿＿＿＿＿＿＿＿

②出身地について、話してみましょう。

　　A：ご出身はどちらですか。

　　B：(国)＿＿＿＿＿＿＿＿＿＿＿です。

　　A：(国)＿＿＿＿＿＿＿＿＿＿＿のどちらですか？

　　B：(町)＿＿＿＿＿＿＿＿＿＿＿というところです。

A：へぇ。どんな町ですか。

B：＿＿＿＿＿＿＿＿＿＿＿ がきれいなところです。

　　＿＿＿＿＿＿＿＿＿＿＿ でゆうめいなところです

2 次の①〜④は施設の中のどの場所ですか。（　　　　　　）に
ひらがなと漢字で書きましょう。

例）お風呂に入ります　　　　　（　　よくしつ　・　浴室　　）

① 利用者の部屋です。　　　　（　　　　　　・　　　　　　）

② 利用者が食事をします。　　（　　　　　　・　　　　　　）

③ 服を脱いだり着たりします。（　　　　　　・　　　　　　）

④ 日常で使うものを置いておくところです。

　　　　　　　　　　　　　　（　　　　　　・　　　　　　）

＊日常　daily life ／ thường ngày ／ Sehari-hari

ステップアップ

☆ ペアで自己紹介をしあったら、次に相手のことをみんなに発表する"他
己紹介"をしてみましょう。

何型ですか？

みなさんは自分の血液型を知っていますか？
血液型でその人の性格がわかると思いますか？多くの日本人は、「血液型性格判断」の話が大好きです。例えば、「A型の人は几帳面」、「B型の人はマイペース」、「O型の人はおおらか」、「AB型の人はミステリアス」、などと言う人がたくさんいます。自己紹介の時に、血液型は聞いてもいいけど、年齢は聞いたら失礼だなんておもしろいですね。

What is your blood type?

Do you know your blood type? Do you think that you can understand a human's personality by his/her blood type? Many Japanese like talking about blood type personality analyses. For example, people say that a person who is type A is scrupulous, a person who is type B does things his/her own way, a person who is type O is tolerant, and a person who is type AB is mysterious. Oddly enough, when introducing yourself to others, they might ask your blood type, but it is still considered rude to ask people their age.

Nhóm máu của bạn là gì?

Các bạn có biết nhóm máu của mình không?
Bạn có nghĩ có thể biết được tính cách của người đó qua nhóm máu không? Phần lớn người Nhật thích chuyện "Đoán tính cách qua nhóm máu". Ví dụ, có rất nhiều người nói "người có nhóm máu A thì cẩn thận", "người có nhóm máu B thì có thế giới riêng của mình", "người có nhóm máu O thì rộng lượng", "người có nhóm máu AB thì bí ẩn" v.v. Khi tự giới thiệu với nhau, hỏi nhóm máu thì được mà hỏi tuổi thì bất lịch sự, thật thú vị nhỉ.

Apa Golongan Darah Anda?

Apakah kalian tahu apa gologan darah kalian? Apakah menurut kalian kita bisa mengerti watak seseorang berdasarkan golongan darahnya? Sebagian besar orang Jepang sangat menyukai pembicaraan mengenai 'penentuan watak berdasarkan golongan darah'. Misalnya, banyak yang mengatakan bahwa 'orang bergolongan darah A sangat rapi dan teratur', 'orang bergolongan darah B unik dan punya gaya sendiri', 'orang bergolongan darah O tenang', orang bergolongan darah AB misterius, dan sebagainya. Hal yang mengherankan adalah menanyakan usia seseorang pada saat perkenalan dianggap tidak sopan, sedangkan menanyakan golongan darah adalah hal yang wajar.

介護現場でよく使うことば

☆ 高齢者の世話には、どのようなことがあると思いますか。

三大介助

人が生きていくために、お風呂に入ったり、トイレに行ったり、食事をしたりします。この大切な３つのことを手伝う仕事を三大介助といいます

入浴介助　　排泄介助　　食事介助

介護施設では、三大介助の他にも、利用者が朝起きてから寝るまで、そして、寝ている間にも、利用者の生活のためにいろいろな手伝いをしています。

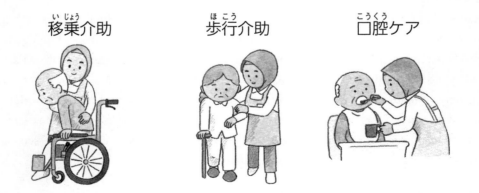

移乗介助　　歩行介助　　口腔ケア

専門のことばとふつうのことば

介護現場では、話す相手によって専門のことばを使ったり、ふつうのことばを使ったりします。例えば、浴室で体を洗う介助をするとき、職員には「入浴」といいますが、利用者には「お風呂に入る」ということばを使います。

ことば

専門のことば	ふつうのことば	訳
介助	世話をする	to care for／chăm sóc／hỗ trợ／mengasuh
起床	起きる	to get up／thức dậy／thức giấc／thức dậy／rời khỏi giường／bangun tidur
離床	起き上がる	to sit up (in bed)／thức dậy／rời khỏi giường／bangkit dari tempat tidur
検温	体温を測る	to take one's temperature／đo thân nhiệt／cặp nhiệt／mengukur suhu tubuh
バイタルチェック	体温・血圧を測る	vital-sign test／đo thân nhiệt - huyết áp／kiểm tra sinh tồn／mengukur suhu tubuh dan tekanan darah
洗顔	顔を洗う	to wash one's face／rửa mặt／mencuci muka
清拭	体を拭く	to rub oneself down／lau người／mengelap badan
洗髪	髪を洗う	to wash one's hair／gội đầu／keramas
整容	身だしなみを整える	to be well-groomed／chỉnh trang vẻ bề ngoài／merapikan penampilan badan
更衣	着替える	to change clothes／thay quần áo／mengganti baju
着衣	着る	to wear clothes／mặc／memakai baju
脱衣	脱ぐ	to take one's clothes off／cởi／melepas baju
義歯	入れ歯	false teeth／răng giả／gigi palsu

専門の ことば	ふつうのことば	訳
移動	移る、動く	to move ／ dịch chuyển, di chuyển ／ bergerak
配膳	食事を配る	to serve a meal ／ phân phát phần ăn ／ menyajikan makanan
下膳	食器を片づける	to clear away the dishes ／ dọn dẹp chén bát ／ membereskan peralatan makan
咀嚼	噛む	to bite ／ cắn, nhai ／ mengunyah
誤飲	食べ物ではないものを飲みこむ	swallowing something that is not food by mistake ／ nuốt vật không phải thức ăn / nuốt (uống) nhầm ／ menelan benda asing
誤嚥	食べ物や飲み物が気管に入る	accidental breathing in of food or fluid into the lungs ／ thức ăn hay thức uống rơi vào khí quản / sặc ／ tersedak
おむつ交換	おむつを取り替える	to change one's diapers ／ thay tã ／ mengganti popok
尿	おしっこ／お小水	urine ／ nước tiểu ／ air seni
便	うんち、うんこ／お通じ	stool ／ phân ／ feses/ tinja
排泄	おしっこ・うんちをする	to urinate / to defecate ／ đi tiểu, đi tiêu / bài tiết ／ buang air kecil, besar
失禁	おしっこ・うんちをもらす	incontinence ／ tè dầm - ị đùn / tiểu tiện không tự chủ ／ mengompol - buang air besar di celana
放屁	おなら、ガス	farting ／ đánh rắm ／ kentut, platus (buang gas)
体位交換	体のむきを変える	to change one's body position ／ đổi hướng cơ thể / thay đổi tư thế ／ membalikkan posisi badan
臥床	寝る、横になる	recumbency ／ nằm, nằm xuống ／ berbaring
仰臥位	仰向け（になる）	
側臥位	横向き（になる）	
伏臥位／ 腹臥位	うつぶせ（になる）	

専門の ことば	ふつうのことば	訳
臥床介助 <ruby>臥<rt>が</rt></ruby><ruby>床<rt>しょう</rt></ruby>介助	寝かせる <ruby>寝<rt>ね</rt></ruby>かせる	to put to bed ／ cho ngủ / dỗ ngủ ／ menidurkan
就寝 <ruby>就<rt>しゅう</rt></ruby><ruby>寝<rt>しん</rt></ruby>	寝る・眠る <ruby>寝<rt>ね</rt></ruby>る・<ruby>眠<rt>ねむ</rt></ruby>る	to sleep ／ ngủ ／ tidur

専門	浮腫 <ruby>浮腫<rt>ふしゅ</rt></ruby>
ふつう	むくみ

専門	褥瘡 <ruby>褥瘡<rt>じょくそう</rt></ruby>
ふつう	床ずれ <ruby>床<rt>とこ</rt></ruby>ずれ

バイタルチェック

専門

チャンさん、
鈴木さんのバイタルチェックをお願いします。
<ruby>鈴木<rt>すずき</rt></ruby>さんのバイタルチェックを<ruby>願<rt>ねが</rt></ruby>いします。

はい、わかりました。

ふつう

鈴木さん、体温を測りますよ。

移乗 / 移動介助

専門

もうすぐ食事の時間です。
高橋さんの移乗介助をお願いします。
<ruby>高橋<rt>たかはし</rt></ruby>さんの移乗介助をお願いします。

ふつう

高橋さん、車いすに移りましょう。
<ruby>高橋<rt>たかはし</rt></ruby>さん、<ruby>車<rt>くるま</rt></ruby>いすに<ruby>移<rt>うつ</rt></ruby>りましょう。

はい、わかりました。

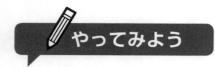

1 業務の名前を書きましょう。

ぎょうむ　　　　　な　まえ　　　か

＊業務：work ／ nghiệp vụ ／ tugas

① (　　　　　　　　　)　② (　　　　　　　　　　　)　③ (　　　　　　　　　)

④ (　　　　　　　　　)　⑤ (　　　　　　　　　　　)　⑥ (　　　　　　　　　)

2 漢字の読み方をひらがなで書きましょう。

かんじ　　よ　かた　　　　　　　か

① 食事　　＿＿＿＿＿＿＿＿＿　② 排泄　　＿＿＿＿＿＿＿＿＿

③ 入浴　　＿＿＿＿＿＿＿＿＿　④ 移動　　＿＿＿＿＿＿＿＿＿

⑤ 整容　　＿＿＿＿＿＿＿＿＿　⑥ 更衣　　＿＿＿＿＿＿＿＿＿

⑦ おむつ交換＿＿＿＿＿＿＿＿＿　⑧ 体位交換＿＿＿＿＿＿＿＿＿

❸ 介護現場でよく使うことばを書きましょう。

（専門のことばとふつうのことばの両方（りょうほう）を書きましょう。）

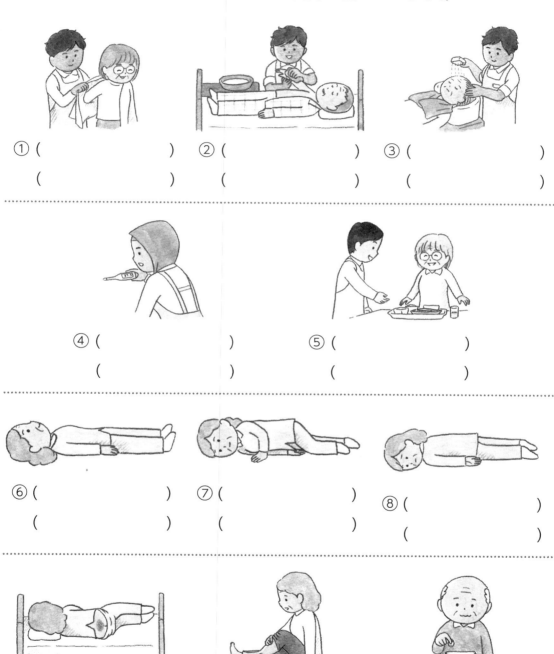

① (　　　　　　　　　　)
　 (　　　　　　　　　　)

② (　　　　　　　　　　)
　 (　　　　　　　　　　)

③ (　　　　　　　　　　)
　 (　　　　　　　　　　)

④ (　　　　　　　　　　)
　 (　　　　　　　　　　)

⑤ (　　　　　　　　　　)
　 (　　　　　　　　　　)

⑥ (　　　　　　　　　　)
　 (　　　　　　　　　　)

⑦ (　　　　　　　　　　)
　 (　　　　　　　　　　)

⑧ (　　　　　　　　　　)
　 (　　　　　　　　　　)

⑨ (　　　　　　　　　　)
　 (　　　　　　　　　　)

⑩ (　　　　　　　　　　)
　 (　　　　　　　　　　)

⑪ (　　　　　　　　　　)
　 (　　　　　　　　　　)

4 漢字の読み方をひらがなで書きましょう。

① 着衣 _____　② 脱衣 _____

③ 洗髪 _____　④ 移乗 _____

⑤ 歩行 _____　⑥ 転倒 _____

⑦ 口腔ケア _____　⑧ 仰臥位 _____

⑨ 腹臥位・伏臥位 _____　⑩ 側臥位 _____

⑪ 褥瘡 _____　⑫ 浮腫 _____

⑬ 義歯 _____　⑭ 咀嚼 _____

ステップアップ

☆ 介護のことばを覚えたら、パソコンで入力の練習をしてみましょう。小さい「っ」、「ん」の入力を間違えないことが大切です。

いろいろな漢字が出てきたときには、意味をよく考えながら変換しましょう。→ 46 ページに「キーボードの入力例」があります。

＊入力：input ／ nhập, đánh máy ／ mengisi/ menginput

＊変換：conversion ／ chuyển đổi ／ mengubah

コラム　日本人はお風呂が大好き

日本には、昔からお風呂の文化があります。大きな湯船にゆったりつかって、一日の疲れをとります。いろいろなところに有名な温泉があって、その効果もさまざまです。日本の有名な温泉に行ってみるのもいいですね。

Japanese people love baths.

In Japan, there is a traditional culture of bathing. By relaxing in a nice hot bath, people can get rid of the fatigue built up throughout the day. There are famous hot springs all around Japan, some with unique benefits. Try visiting some of Japan's famous hot spring.

Người Nhật rất thích tắm bồn

Từ xa xưa, Nhật Bản đã có văn hóa tắm bồn. Ngâm mình trong một bồn nước ấm thật lớn, trút bỏ mệt nhọc của một ngày. Khắp nơi đều có các suối nước nóng nổi tiếng và hiệu quả cũng khác nhau. Các bạn thử đi suối nóng nổi tiếng của Nhật Bản nhé.

Orang Jepang sangat suka mandi berendam

Di Jepang sejak zaman dahulu mempunyai budaya mandi berendam. Dengan santai berendam di dalam bak berendam yang besar untuk melepaskan kelelahan sehari. Ada sumber air panas alami yang terkenal di berbagai tempat dengan khasiatnya masing-masing yang beragam. Sepertinya bagus juga mencoba pergi ke sumber air panas alami yang terkenal di Jepang ya.

記録のために、日本語の読み方をしっかり確認しましょう

パソコンで日本語入力ができることは介護施設ではとても大切な業務です。正しく入力するためには、正しい読み方ができなければなりません。発音練習とローマ字変換の練習を繰り返し行いましょう。

キーボードの入力例

---

[1] 五十音の入力

「あ」→ A 「い」→ I 「う」→ U 「え」→ E 「お」→ O

「か」→ K A

---

[2] 小さい「ゃ」「ゅ」「ょ」の入力

例
「びゃ」→ B Y A 「びゅ」→ B Y U 「びょ」→ B Y O

---

[3] 小さい「っ」の入力

例「コップ」→ K O P P U

[4] 「ん」の入力

「ん」→ N N

例「病院（びょういん）」を入力するには・・・

① びょ→ B Y O う→ U い→ I ん→ N N

②「スペースキー」を押して、文字を変換し、「エンターキー」を押します。

B Y O U I N N スペース

1. 病院
2. 病因

enter

小さい文字は「 l 」（Little ＝小さいの意味）も使えます。

例
「ふぉ」は F O でも H U L O でもいいです。

46

日本語のキー入力　一覧

あ a	い i	う u	え e	お o
か ka	き ki	く ku	け ke	こ ko
さ sa	し si / shi	す su	せ se	そ so
た ta	ち ti / chi	つ tu / tsu	て te	と to
な na	に ni	ぬ nu	ね Ne	の no
は ha	ひ hi	ふ hu / fu	へ he	ほ ho
ま ma	み mi	む mu	め me	も mo
や ya		ゆ yu		よ yo
ら ra	り ri	る ru	れ re	ろ ro
わ wa				を wo
ん nn				
が ga	ぎ gi	ぐ gu	げ ge	ご go
ざ za	じ zi / ji	ず zu	ぜ ze	ぞ zo
だ da	ぢ di	づ du	で de	ど do
ば ba	び bi	ぶ bu	べ be	ぼ bo
ぱ pa	ぴ pi	ぷ pu	ぺ pe	ぽ po

きゃ kya	きゅ kyu	きょ kyo
しゃ sya / sha	しゅ syu / shu	しょ syo / sho
ちゃ tya / cha	ちゅ tyu / chu	ちょ tyo / cho
にゃ nya	にゅ nyu	にょ nyo
ひゃ hya	ひゅ hyu	ひょ hyo
みゃ mya	みゅ myu	みょ myo
りゃ rya	りゅ ryu	りょ ryo
ぎゃ gya	ぎゅ gyu	ぎょ gyo
じゃ zya / jya / ja	じゅ zyu / jyu / ju	じょ zyo / jyo / jo
びゃ bya	びゅ byu	びょ byo
ぴゃ pya	ぴゅ pyu	ぴょ pyo

ウィ wi	ウェ we	ウォ ulo
シェ sye / she	ジェ zye / je	チェ tye / che
ティ teli	ディ deli	
ファ fa	フィ fi	フェ fe
フォ fo	ヴ vu	

丁寧なことば

☆ あなたの国に敬語はありますか。もしあれば、どんなときに使いますか。

☆ 日本ではどんなときに敬語を使うか知っていますか。

＊敬語　honorific speech ／ kính ngữ ／ bahasa sopan

介護施設では、いろいろな人と会話をします。相手によって丁寧なことばや
カジュアルなことばを使い分けると、よいコミュニケーションがとれます。
利用者家族には、とても丁寧なことばを使うようにするとよいでしょう。

＊相手　partner ／ đối phương, người đối diện ／ lawan bicara　＊カジュアル　casual ／ thông thường ／
(bahasa) sehari-hari　＊使い分ける　to use different things for different purposes ／ chia ra dùng, phân biệt để
dùng ／ memilah　＊コミュニケーション　communication ／ (sự) giao tiếp ／ komunikasi

たくさん食べましたね。
おいしかったですか。

お食事をたくさん
召し上がりました。

ことば

敬語
<small>けい ご</small>

<small>あい て</small> <small>うやま</small> <small>そんけい ご</small> <small>けんじょう ご</small>
相手を敬うことばに尊敬語と謙譲語があります。これらを敬語といいます。

利用者と利用者のご家族がすることには、尊敬語を使いましょう。

<small>じ ぶん</small>
自分がすることには謙譲語を使いましょう。

＊敬う　to admire ／ kính trọng, tôn kính ／ menghormati

1. 尊敬語の作り方
<small>つく</small> <small>かた</small>

1) 特別な尊敬語
<small>とくべつ</small>

<small>さ とう</small> <small>ひる</small> <small>はん</small>
佐藤さんは、昼ご飯を<u>食べました</u>。

→　佐藤さんは、昼ご飯を<u>召し上がりました</u>。

2) お〜になります。

<small>むす こ</small> <small>かえ</small>
佐藤さんの息子さんは、帰りました。

→　佐藤さんの息子さんは、<u>お帰りになりました</u>。

3) 〜（ら）れます。

<small>やま だ</small> <small>まいあさ</small> <small>しんぶん</small> <small>よ</small>
山田さんは、毎朝、新聞を読みます。

→　山田さんは、毎朝、新聞を読まれます。

2. 謙譲語の作り方

1) 特別な謙譲語

<small>じ む しょ</small>
あとで事務所へ行きます。　→　あとで、事務所へまいります。

2) お～します / ご～します

施設長に書類を見せます。　→　施設長に書類をお見せします。

＊書類　document ／ giấy tờ ／ dokumen

施設について説明します。　→　施設についてご説明します。

＊「ご～します」は、～が漢字だけで組み立てられているときに使います。

施設でよく使う尊敬語

特別な尊敬語	
食べます	召し上がります
飲みます	
行きます	いらっしゃいます
来ます	
います	
言います	おっしゃいます
します	なさいます
見ます	ごらんになります
くれます	くださいます
～ています	～ていらっしゃいます
知っています	ごぞんじです
休みます／寝ます	お休みになります

お～になります	
帰ります	お帰りになります
読みます	お読みになります
聞きます	お聞きになります

～（ら）れます	
（食事を）摂ります	摂られます
戻ります	戻られます
参加します	参加されます

＊食事を摂る　to have a meal ／ dùng bữa, ăn ／ makan　＊参加する　to participate ／ tham gia ／ ikut serta/ berpartisipasi

施設でよく使う謙譲語

特別な謙譲語	
食べます	いただきます
飲みます	
行きます	まいります
来ます	
います	おります
言います	申します／申し上げます
します	いたします
見ます	拝見します
もらいます	いただきます
あげます	さしあげます
～ています	～ております
知っています	存じております
会います	お目にかかります
聞きます	うかがいます

お～します	
見せます	お見せします
取ります	お取りします
貸します	お貸しします
手伝います	お手伝いします

ご～します	
説明します	ご説明します
案内します	ご案内します
報告します	ご報告します
連絡します	ご連絡します
相談します	ご相談します
紹介します	ご紹介します

＊組み立てる　to set up ／ ghép ／ merangkai　＊報告する　to report ／ báo cáo ／ melapor

＊敬語（尊敬語・謙譲語）を使うとき、特別なことばがある場合は、いちばん丁寧な言い方の特別なことばを使うようにしましょう。

1

ジェームス：鈴木さん、ご家族がいらっしゃいましたよ。

鈴木　　　：だれが来たの？

ジェームス：おじょうさんとお孫(まご)さんですよ。

鈴木　　　：本当(ほんとう)に？　嬉(うれ)しいわ。

ジェームス：どうぞこちらへ。ごゆっくりなさってください。

鈴木　　　：ありがとう。

＊孫／お孫さん　grandchild ／ cháu (của tôi) / cháu (khi nói về cháu của người khác) ／ cucu

＊＊＊＊＊＊＊＊＊＊＊＊＊

2

ジェームス：こんにちは。

鈴木の娘(むすめ)：こんにちは。

　　　　　　いつも母(はは)がお世話(せわ)になっております。何(なに)か変(か)わったことはない

　　　　　　でしょうか。

ジェームス：鈴木さんは、お元気(げんき)ですよ。

　　　　　　お食事はよく召し上がりますし、夜(よる)はよくお休みになってい

　　　　　　らっしゃいます。

鈴木の娘　：そうですか。それはよかったです。

ジェームス：昼間(ひるま)は、レクリエーションに参加されていますよ。

　　　　　　書道(しょどう)の時間(じかん)は楽(たの)しそうです。

　　　　　　先日(せんじつ)お書(か)きになったものが貼(は)ってあります

　　　　　　ので、ご覧(らん)になってください。

鈴木の娘：そうですか。ありがとうございます。

＊レクリエーション　recreation ／ giải trí ／ rekreasi
＊書道　calligraphy ／ thư pháp ／ kaligrafi (huruf Jepang)
＊貼る　to post ／ dán ／ menempel

✏ やってみよう

1 尊敬語を書きましょう。

① 例　来ます　→　いらっしゃいます

行きます　→ 　　　　　　　　　言います　　　→

寝ます　　→ 　　　　　　　　　知っています　→

います　　→ 　　　　　　　　　見ます　　　　→

食べます　→ 　　　　　　　　　します　　　　→

飲みます　→ 　　　　　　　　　くれます　　　→

② 例　読む　→　お読みになります

書きます　→ 　　　　　　　　　持ちます　　　→

買います　→ 　　　　　　　　　作ります　　　→

③ 例　帰ります　→　帰られます

読みます　→ 　　　　　　　　　話します　　　→

呼びます　→ 　　　　　　　　　移ります　　　→

乗ります　→ 　　　　　　　　　横になります　→

2 謙譲語を書きましょう。

① 特別な謙譲語を書きましょう。

例　見ます　　→　拝見します

行きます　　　→

食べます　　　→

来ます　　　　→

飲みます　　　→

します　　　　→

もらいます　　→

います　　　　→

言います　　　→

知っています　→

会います　　　→

② お〜します　ご〜します　という形の謙譲語を書きましょう。

例　送ります　→　お送りします

連絡します　　→

貸します　　　→

説明します　　→

取ります　　　→

案内します　　→

手伝います　　→

紹介します　　→

持ちます　　　→

知らせます　　→

3 敬語を使って話してみましょう。

例　起_おきましたか　→　起きられましたか。

① よく寝ましたか　→

② 着替_{きが}えますか　→

③ 私が持ちましょうか　→

④ 家族が来ました　→

⑤ 私から施設長に報告します　→

⑥ どうぞ食べてください　→

⑦ 鈴木さんの絵を見ましたか　→

⑧ 今（私が）行きますので待ってください　→

＊似合う　to suit ／ hợp ／ pantas/cocok

ステップアップ

☆ 周_{まわ}りの人と敬語を使って話してみましょう。

施設長、同僚_{しょくいん}職員、利用者家族など、役割_{やくわり}を決_きめて会話を作ってみましょう。

＊同僚　coworker ／ đồng nghiệp ／ rekan kerja　＊役割　role ／ vai trò ／ peran

丁寧なことば

体に関することば（体の部位）

☆　体の部位のことばをいくつ知っていますか。

☆　「臀部」はどこのことだと思いますか。

＊部位　part ／ bộ phận ／ organ tubuh

介護をするとき、体の部位の名前を正確に覚えることはとても大切です。体の部位は、利用者と話すときと、職員同士で連絡するときや記録するときとは言い方が違うので、どちらの言い方も正しく覚える必要があります。ここでは、ふつうの言い方と専門的な言い方の両方を勉強しましょう。

※専門のことばを使わないことばもあります。

＊正確　accuracy ／ chính xác ／ akurat　＊同士　fellow ／ cùng là ／ sesama

＊記録　record ／ ghi chép ／ rekaman/catatan

専門のことば
褥瘡により臀部に発赤があります。

ふつうのことば
床ずれでお尻が赤くなっていますね。

ことば

1 顔^{かお}

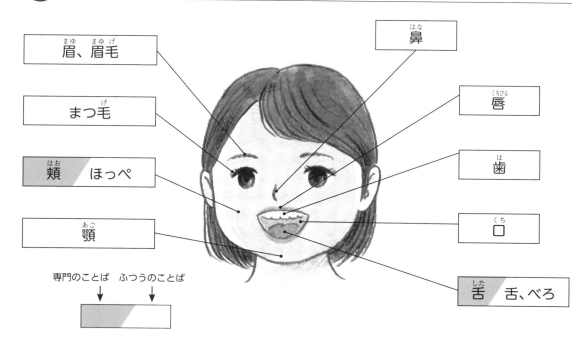

眉^{まゆ}、眉毛^{まゆげ}

まつ毛^げ

| 頬^{ほお} | ほっぺ |

顎^{あご}

鼻^{はな}

唇^{くちびる}

歯^は

口^{くち}

| 舌^{した} | 舌、べろ |

専門のことば　ふつうのことば
↓　　　　↓

2 手^て

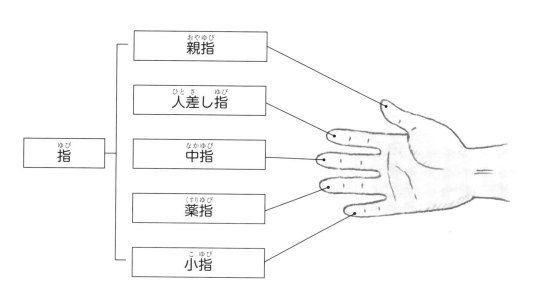

指^{ゆび}

親指^{おやゆび}

人差し指^{ひとさしゆび}

中指^{なかゆび}

薬指^{くすりゆび}

小指^{こゆび}

専門のことば　ふつうのことば

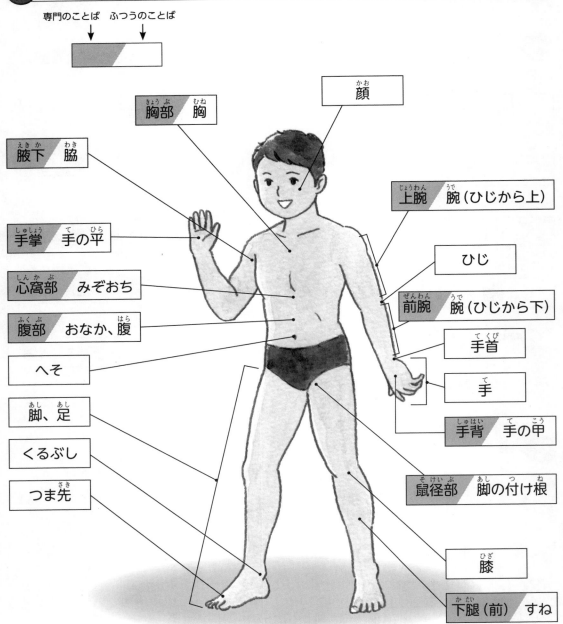

顔

胸部　胸

腋下　脇

上腕　腕（ひじから上）

手掌　手の平

ひじ

心窩部　みぞおち

前腕　腕（ひじから下）

腹部　おなか、腹

手首

へそ

手

脚、足

手背　手の甲

くるぶし

鼠径部　脚の付け根

つま先

膝

下腿（前）　すね

ぜんしん　うし

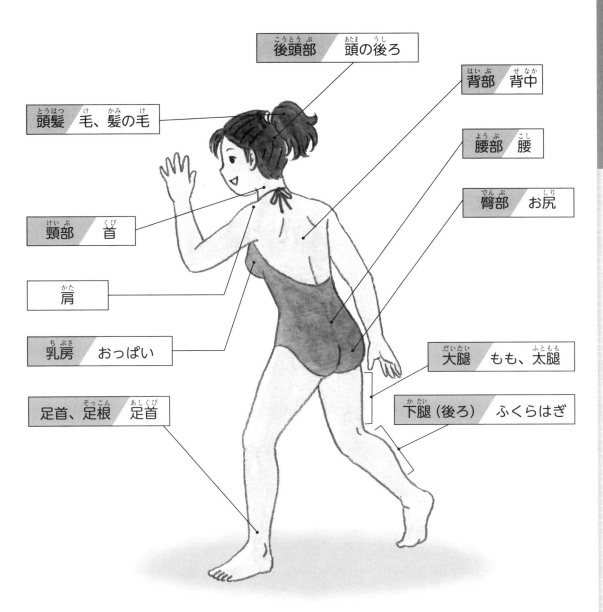

後頭部　頭の後ろ
こうとうぶ　あたま　うし

背部　背中
はいぶ　せなか

頭髪　毛、髪の毛
とうはつ　け　かみ　け

腰部　腰
ようぶ　こし

頸部　首
けいぶ　くび

臀部　お尻
でんぶ　しり

肩
かた

乳房　おっぱい
ちぶさ

大腿　もも、太腿
だいたい　ふともも

足首、足根　足首
そっこん　あしくび

下腿（後ろ）　ふくらはぎ
かたい

	英語	ベトナム語	インドネシア語
全身（ぜんしん）	whole body	toàn thân	seluruh badan
上半身（じょうはんしん）	upper body	thân trên	tubuh bagian atas
下半身（かはんしん）	lower body	thân dưới	tubuh bagian bawah
四肢／手足（しし／てあし）	hands and feet	tay chân	tangan dan kaki
陰部（いんぶ）	private parts	vùng kín, vùng sinh dục	daerah genital
肛門（こうもん）	anus	hậu môn	anus
皮膚（ひふ）	skin	da liễu, da	kulit

1 体の部位の名前を書きましょう。

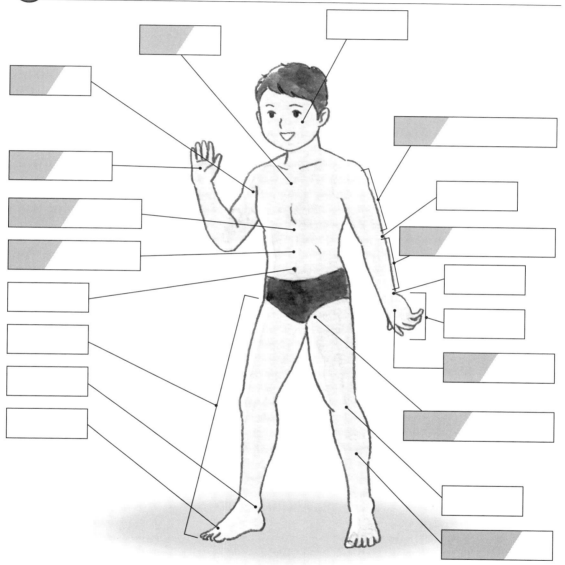

③ 顔の部位の名前を書きましょう。

ステップアップ

☆　ペアで練習してみましょう。
　　一人(ひとり)が体の部位を指(ゆび)さして、もう一人は
　　その名前を言(い)います。

☆　グループで練習してみましょう。
　　１枚(まい)のカードにふつうのことばを書き、も
　　う１枚のカードに専門的なことばを書きま
　　す。一人がふつうのことばのカードを１枚
　　だけ見(み)せます。他(ほか)の人(ひと)は専門的な言葉(ことば)のグ
　　ループの中(なか)から、意味(いみ)が同(おな)じものを選(えら)びま
　　す。カードを一番多(いちばんおお)く取(と)った人が勝(か)ちです。

体に関することば（体の内部）

からだ　かん　　　　　　　　　　　ない　ぶ

ウォーミングアップ

☆ 骨折したことがありますか。どこを骨折しましたか。

こっせつ

☆ 内臓はどんな働きをしていますか。

ないぞう　　　　　はたら

＊骨折　fracture ／ gãy xương ／ fraktur tulang, patah tulang　＊骨　bone ／ xương ／ tulang

内臓は、呼吸、消化、排出、循環の働きをしています。さまざまな臓器のバ

こきゅう　しょうか　はいしゅつ　じゅんかん　　　　　　　　　　　　　　　　　ぞうき
ランスが崩れると、体の調子が悪くなり、大きい病気になりやすいです。

くず　　　　　　　　　ちょうし　わる　　　　　　　おお

＊呼吸　breathing ／ hô hấp ／ pernafasan　＊消化　digestion ／ tiêu hóa ／ pencernaan　＊排出　excretion

／ bài tiết ／ pembuangan　＊循環　circulation ／ tuần hoàn ／ sirkulasi　＊臓器　organs ／ cơ quan nội tạng

／ organ dalam tubuh　＊崩れる　to collapse ／ sụp đổ ／ memburuk (kesehatan)　＊調子　condition ／ tình

trạng ／ kondisi tubuh

ことば

1 ▶ **内臓**　internal organs ／ nội tạng ／ organ dalam

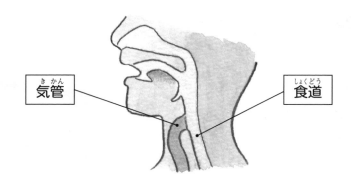

気管

きかん

食道

しょくどう

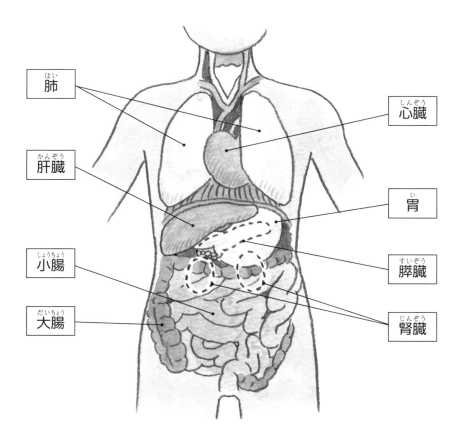

肺（はい）　肝臓（かんぞう）　小腸（しょうちょう）　大腸（だいちょう）　心臓（しんぞう）　胃（い）　膵臓（すいぞう）　腎臓（じんぞう）

人は、脳（のう）に障害を受けると、体が動（うご）かなくなったり、記憶（きおく）ができなくなったりするため、生活（せいかつ）が困難（こんなん）になり、介助が必要になることが多（おお）いです。

＊脳　brain ／ não, não bộ ／ otak
＊障害　disability ／ khuyết tật ／ mengalami gangguan
＊記憶　memory ／ ký ức, trí nhớ ／ ingatan/memori
＊困難　difficulty ／ khó khăn ／ sulit

人の骨の数は約 200 個あります。骨は体を支えて、内臓を守っています。

＊支える to support ／ nâng đỡ ／ menopang　＊守る to protect ／ bảo vệ ／ melindungi/menjaga

高齢者は転倒して骨折することが多いので、注意しなければなりません。特に折れやすいのは、「背骨」「脚の付け根」「手首」「腕の付け根」などです。ここでは、骨の名前を覚えて、申し送りや記録に役立てましょう。

＊転倒 falling down ／ té ngã ／ jatuh
＊申し送り handing over ／ truyền đạt thông tin ／
serah terima tugas

骨粗しょう症は、骨の量が少なくなる病気です。骨粗しょう症の人は転倒するだけでなく、くしゃみや咳をするだけで骨折することがあります。骨が減って弱くなると、そのまま寝たきりになることもあります。

＊量 amount ／ lượng, số lượng ／ kuantitas/jumlah
＊くしゃみ sneeze ／ nhảy mũi, hắt xì ／ bersin
＊咳 cough ／ ho ／ batuk
＊寝たきり bedridden ／ nằm liệt giường ／ terbaring lumpuh

ことば

2 骨（ほね）

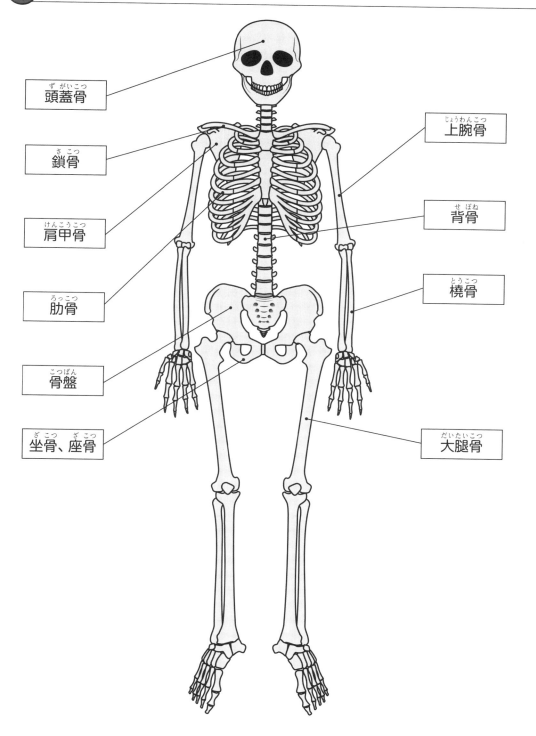

頭蓋骨（ずがいこつ）

鎖骨（さこつ）

肩甲骨（けんこうこつ）

肋骨（ろっこつ）

骨盤（こつばん）

坐骨、座骨（ざこつ、ざこつ）

上腕骨（じょうわんこつ）

背骨（せぼね）

橈骨（とうこつ）

大腿骨（だいたいこつ）

やってみよう

1 ▶ 内臓の名前を見て、読み方を（　　　　）の中から選びましょう。

① 食道 　（　 しよくどう　　　しょくど　　　しょうくどう　　しょくどう 　）

② 腎臓 　（　 しんぞう　　　　けんぞう　　　じんぞう　　　　しんぞ 　　　）

③ 膀胱 　（　 ほうこう　　　　ぼうこう　　　ほうごう　　　　ぼこう 　）

④ 小腸 　（　 しょうちょう　　しょちょう　　しょうよう　　　しょうぞう 　）

2 ▶ 高齢者が骨折しやすいのは体のどの部分ですか。

① （ 　　　　　　　　　 ）（ 　　　　　　　　　　 ）

　 （ 　　　　　　　　　 ）（ 　　　　　　　　　　 ）

②折れやすい骨を〇で囲みましょう。

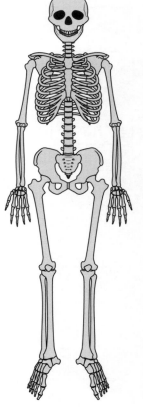

3 骨の名前を書きましょう。

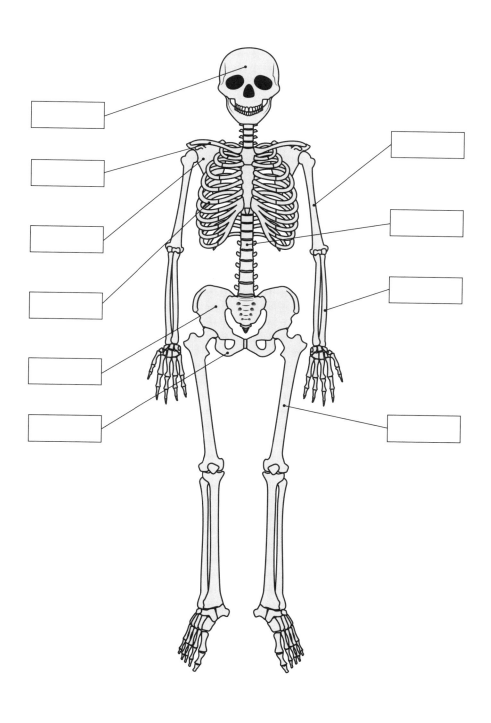

骨粗しょう症は、骨の量が（①　　　　　　　）、弱くなる病気です。高齢者には、骨粗しょう症で骨が（②　　　　　　　）なっている人がたくさんいます。骨粗しょう症の人が（③　　　　）すると、骨折することがとても多いです。それだけでなく、くしゃみや（④　　　　）をするだけで（⑤　　　　）してしまうこともあり、その骨折によって（⑥　　　　　　　）になってしまう人もいるので、毎日の生活に注意が必要です。

寝たきり　　咳　　　減って　　折れやすく　　転倒　　骨折

ステップアップ

☆　グループで、体パズルゲームをしてみましょう。体の部位の名前を言いながら、パズルを完成させます。早く完成したグループが勝ちです。カードになっているものや、インターネットのアプリになっているものなど、いろいろなゲームが市販されています。

＊パズル　puzzle ／ ghép hình ／ teka-teki
＊完成　completion ／ hoàn thành ／ tuntas

骨にいい食事

丈夫な骨を作るためには、栄養やカロリーのバランスがよい食事が大切です。特に、カルシウム、ビタミンD、ビタミンKなど、骨を作るのに役立つ栄養が必要です。介護施設では、栄養補助食品（サプリメント）を使うこともあります。

Meals that are good for your bones.

In order to build strong bones, it is important to eat meals that have a good balance of calories and nutrients.

In nursing facilities nutritional supplementary food (supplements) are sometimes used.

Bữa ăn tốt cho xương

Để xương cốt chắc khỏe, bữa ăn cân bằng dinh dưỡng và ca-lo-ri rất quan trọng. Đặc biệt, cần có những chất dinh dưỡng có ích trong việc tạo xương như can-xi, vi-ta-min D, vi-ta-min K v.v. Ở cơ sở chăm sóc người già, có khi còn dùng cả thực phẩm chức năng (thuốc bổ).

Makanan yang Baik untuk Tulang

Untuk pembentukan tulang yang kuat, makanan yang mengandung gizi dan kalori yang seimbang sangat penting. Diperlukan gizi yang bermanfaat untuk pembentukan tulang, khususnya kalsium, vitamin D, vitamin K dan sebagainya. Di panti wreda, kadang juga menggunakan makanan tambahan (makanan suplemen).

体調と体質に関することば

ウォーミングアップ

☆ 病気にならないように気をつけていることは何ですか。

☆ 最近、体調が悪かったことはありますか。どうなりましたか。

高齢者の体の特徴

人間は老化すると、体が変化します。内臓が弱くなって、病気になることも

あります。免疫が低下するので、ウイルスに感染しやすくなります。それで、

肺炎などの感染症にかかることも多いです。さらに、高齢者の多くは、転倒

などが原因で簡単に怪我をしてしまいます。みんなで協力しながら予防し、

高齢者の健康を守っていきたいですね。

＊特徴：characteristic ／ đặc trưng ／ ciri khas　＊老化：aging ／ sự lão hóa ／ penuaan　＊変化：change ／ biến đổi, thay đổi/perubahan　＊免疫：immunization ／ (hệ) miễn dịch ／ imunitas　＊低下：lowering ／ giảm sút ／ menurun　＊ウイルス：virus ／ vi-rút ／ virus　＊感染する：to infect ／ lây nhiễm, truyền nhiễm/menginfeksi　＊肺炎：pneumonia ／ viêm phổi ／ pneumonia　＊感染症：infectious disease ／ bệnh truyền nhiễm ／ penyakit menular　＊協力する：to cooperate ／ hợp tác ／ bekerja sama　＊予防する：to prevent ／ dự phòng ／ mencegah　＊健康：health ／ sức khỏe ／ kesehatan

ことば

1 バイタルサインを測るときに使うもの

*バイタルサイン：vital signs ／ dấu hiệu sinh tồn ／ tanda-tanda vital

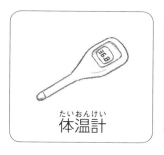

体温計

血圧計

*高血圧：
high blood pressure ／
huyết áp cao ／
tekanan darah tinggi (hipertensi)

*低血圧：
low blood pressure ／
huyết áp thấp ／
tekanan darah rendah (hipotensi)

2 健康を守るために使うもの

体重計

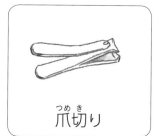

爪切り

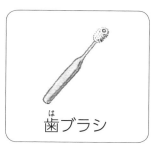

歯ブラシ

3 薬

粉薬　カプセル
錠剤
シロップ

飲み薬

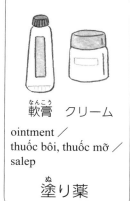

軟膏　クリーム
ointment ／
thuốc bôi, thuốc mỡ ／
salep

塗り薬

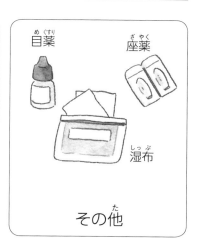

目薬　座薬
湿布

その他

	英語	ベトナム語	インドネシア語
体調 _{たいちょう}	condition	tình trạng sức khỏe	kondisi badan
体質 _{たいしつ}	one's (physical) constitution	thể chất	keadaan badan
老化 _{ろうか}	aging	sự lão hóa	penuaan
既往症 _{きおうしょう}	anamnesis	bệnh sử	penyakit yang pernah diderita
病歴 _{びょうれき}	medical history	tiền sử bệnh	riwayat penyakit
持病 _{じびょう}	chronic disease	bệnh mãn tính, bệnh kinh niên	penyakit kronis
疾病 _{しっぺい}	illness	bệnh tật	penyakit
疾患 _{しっかん}	disease	bệnh	penyakit
障害 _{しょうがい}	disability	khuyết tật, rối loạn	cacat
生活習慣病 _{せいかつしゅうかんびょう}	lifestyle-related disease	bệnh do thói quen sinh hoạt	penyakit akibat gaya hidup tidak sehat
症状 _{しょうじょう}	symptom	triệu chứng bệnh	gejala penyakit
良好 _{りょうこう}	good	tốt	baik
不良 _{ふりょう}	bad	không tốt	buruk
不調 _{ふちょう}	bad condition	không khỏe	kondisi buruk
回復 _{かいふく}	recovery	hồi phục	pemulihan
異変 _{いへん}	strange occurrence	khác thường, chuyển biến bất thường	keanehan

せいじょう 正常	normal	bình thường	normal
いじょう 異常	abnormality	bất thường	abnormal
びょうじゃく 病弱	sickly	ốm yếu, đau bệnh	lemah
たいりょく 体力	physical strength	thể lực	kekuatan fisik
しょくよく 食欲	appetite	cảm giác thèm ăn	nafsu makan
ろうすい 老衰	senility	già yếu	penuaan
ね 寝たきり	bedridden	nằm liệt giường	terbaring lumpuh, bedrest
ひまん 肥満	obesity	béo, béo phì	obesitas
ひ しょう 冷え性	sensitivity to cold	chứng dễ bị lạnh (đặc biệt tay chân)	tidak tahan dingin
へいねつ 平熱	normal body temperature	nhiệt độ bình thường	suhu tubuh nomal
び ねつ 微熱	slight fever	sốt nhẹ	demam ringan
こうねつ 高熱	high fever	sốt cao	demam tinggi
～度(℃)‥分	degrees centigrade	～ độ (℃) …phân	～derajat Celcius …menit
とうにょうびょう 糖尿病	diabetes	bệnh tiểu đường	diabetes
けっとう ち 血糖値	blood sugar level	chỉ số đường huyết	kadar gula darah
べん ぴ 便秘	constipation	bón, táo bón	sembelit
げ り 下痢	diarrhea	tiêu chảy	diare
ひんにょう 頻尿	frequent urination	chứng đi tiểu nhiều, chứng đái rắt	sering kencing

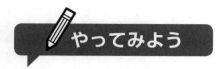

1 ひらがなで漢字の読み方を書きましょう。

例） 体調 （　　　　たいちょう　　　　）

① 体質 （　　　　　　　　　　）

② 老化 （　　　　　　　　　　）

③ 病気 （　　　　　　　　　　）

④ 既往症 （　　　　　　　　　　）

⑤ 持病 （　　　　　　　　　　）

⑥ 疾病 （　　　　　　　　　　）

⑦ 疾患 （　　　　　　　　　　）

⑧ 障害 （　　　　　　　　　　）

⑨ 症状 （　　　　　　　　　　）

⑩ 食欲 （　　　　　　　　　　）

2 次のことばを説明している文を選んで線で結びましょう。

① 疾病 •　　　　　　　　　• とても太っています。

② 症状 •　　　　　　　　　• 病気やけがの状態です。

③ 肥満 •　　　　　　　　　• 長い間その病気にかかっています。

④ 持病 •　　　　　　　　　• 病気のことです。

⑤ 微熱 •　　　　　　　　　• 少し熱があります。

＊かかる：to become ill ／ mắc (bệnh) ／ terjangkit

3 （　　　　）の中にことばを入れて次の文を完成させましょう。

① 「伊藤さん、血圧を（　測り／取り　）ましょうか。150 の 95 ですね。ちょっと（　高い / 低い　）ですから、お医者さんに相談してみましょう。」

② 「利用者の佐々木さんには（　肺炎／便秘　）の病歴がありますから注意してください。」

③ 「佐藤さんは、本日体調（　良好／不良　）のようなので、レクリエーションに参加されません。」

☆ 自分や家族がかかったことのある病気や怪我について説明しましょう。
　そのときの症状や様子について、作文を書き、発表します。

☆ 介護職員は利用者に薬を処方しませんが、看護師のもとで薬の服用を見
　守ることがあります。錠剤、粉薬の数え方を練習してみましょう。

＊処方：prescription ／ điều chế (thuốc) ／ resep dokter　＊服用：dose ／ uống (thuốc) ／ minum obat　＊見守る：to watch over ／ theo dõi ／ mengawasi

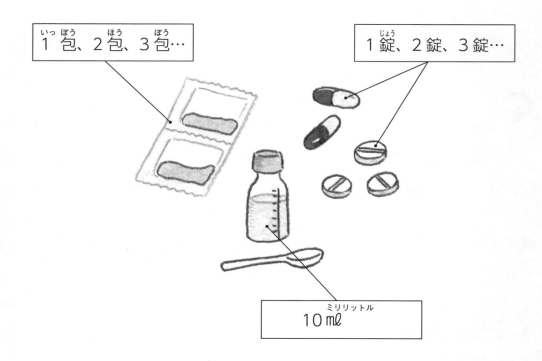

1 包、2 包、3 包…

1 錠、2 錠、3 錠…

10 ㎖

コラム

おすしで長生き？

現在、日本人の平均寿命は、85歳以上となり、世界のトップクラスです。長生きの理由には、日本の独特な食文化が関係していると言われています。100歳以上の人にアンケートをしたところ、多くの人が「好き嫌いなく何でも食べる」と答えたということです。また、「好きな食べ物は何か」という質問には、「おすし」や「刺身」という答えが多かったそうです。魚を食べることは長生きのヒミツかもしれませんね。

Longevity by eating sushi?

The average life span of Japanese people is currently over 85 years old, which is the world's longest. It is said that the reason for this longevity is related to Japan's unique food culture. Conducting a questionnaire survey with people over 100 years old, it was found that many of them apparently answered that they eat everything, without having any likes and dislikes. Also, when asked what their favorite food was, many people answered sushi or sashimi (sliced raw fish). Eating fish may be a key for longevity.

Sống thọ nhờ SUSHI?

Hiện nay, tuổi thọ trung bình của người Nhật là 85 tuổi trở lên, thuộc hàng đầu trên thế giới. Người ta cho rằng nguyên nhân của việc sống thọ có liên quan với văn hóa ẩm thực độc đáo của Nhật Bản. Khảo sát những người 100 tuổi trở lên thì nhiều người trả lời rằng "món gì tôi cũng ăn chứ không thích, hay ghét gì cả". Ngoài ra, với câu hỏi "món ăn ưa thích của ông / bà là gì?" thì nghe nói câu trả lời là "sushi" hay "sashimi" rất nhiều. Biết đâu việc ăn cá là bí quyết sống thọ nhỉ.

Panjang Umur Berkat SUSHI?

Saat ini, usia harapan hidup di Jepang mencapai lebih dari 85 tahun dan merupakan yang tertinggi di dunia. Disebutkan bahwa penyebab panjang umur itu berhubungan dengan budaya makan di Jepang yang khas. Dalam angket yang dilakukan terhadap orang-orang yang berumur lebih dari 100 tahun, banyak orang yang menjawab bahwa "Mereka makan apa pun tanpa pilih-pilih." Lalu, pada pertanyaan, "Makanan apa yang disukai?", banyak yang menjawab "Sushi"atau "Sashimi". Barangkali makan ikan merupakan rahasia hidup panjang umur.

病気と症状に関することば
（体の状態）

☆ 風邪にはどんな症状がありますか。

☆ 発熱する病気にはどんな病気がありますか。。

＊発熱　fever ／ sốt, phát nhiệt ／ muncul demam

高齢者は病気になると、ひとりで生活することが難しくなります。介護が必要になる理由として、認知症や脳血管疾患、骨折などがあります。

＊認知症　dementia ／ chứng suy giảm trí nhớ ／ demensia

＊脳血管疾患　vascular brain disease ／ bệnh mạch máu não ／ penyakit serebral vaskular

ことば

1 認知症の症状

記憶障害／物忘れ

物盗られ妄想

徘徊

帰宅願望

暴言、暴力

麻痺
<ruby>麻痺<rt>ま ひ</rt></ruby>

paralysis ／ sự tê liệt ／ kelumpuhan

言語障害
<ruby>言語障害<rt>げん ご しょうがい</rt></ruby>

speech defect ／ rối loạn ngôn ngữ ／
tuna wicara, gangguan bicara

複視（ものが二重に見える）
<ruby>複視<rt>ふく し</rt></ruby>（ものが二重に見える）

脳血管疾患や認知症の症状が重い場合は寝たきりになることもあります。例えば、脳梗塞が起きると、手足の麻痺やしびれ、言語障害などの重い後遺症が残ることがあります。

認知症の主な症状は記憶障害です。例えば、ご飯を食べたことを忘れたり、家族の顔を忘れたりすることがあります。また、徘徊や暴言、暴力、妄想など、いろいろな症状があらわれます。人によって症状は違うので、介助には工夫が必要です。

＊脳梗塞　stroke ／ đột quị, nhồi máu não ／ stroke, penyumbatan darah di otak
＊しびれ　numbness ／ chứng tê ／ mati rasa
＊後遺症　after-effects ／ di chứng ／ gejala prognosis, gejala sisa penyakit
＊工夫　devise ／ công phu ／ usaha penanganan

③ 風邪の症状

鼻水	鼻づまり
nasal mucus / nước mũi / ingus	nasal congestion / nghẹt mũi / hidung tersumbat

咳	発熱
cough / ho / batuk	fever / sốt, phát nhiệt / muncul demam

痰	phlegm / đờm / dahak, sekret	息切れ	short of breath / hụt hơi, thở đứt quãng / sesak nafas
悪寒	chill / ớn lạnh / mengigil	頭痛	headache / đau đầu / sakit kepala
吐き気	nauseous / buồn nôn / mual	吐く／嘔吐	to vomit/ vomiting / ói / nôn mửa / muntah
脱水	dehydration / mất nước / dehidrasi	口渇	thirst / khô miệng / polidipsia
めまい	dizziness / chóng mặt / pening, pusing	腹痛	abdominal pain / đau bụng / sakit perut

4 皮膚疾患・症状
ひ ふ しっかん しょうじょう

	英語	ベトナム語	インドネシア語
火傷 やけど	burn	bị phỏng	luka bakar
湿疹 しっしん	rash	phát ban, nổi mẩn	eksem
ただれ	inflammation	loét, viêm loét	radang kulit, iritasi
かぶれ	rash	nổi mẩn, rộp da	ruam
痔 じ	hemorrhoid	bệnh trĩ	wasir/ambeien
深爪 ふかづめ	cutting a nail too close	móng (tay) sâu	kuku dalam, kuku pendek

5 関節疾患・症状
かんせつ しっかん しょうじょう

関節炎 えん	arthritis	viêm khớp	artritis
関節リウマチ	articular rheumatism	viêm khớp dạng thấp	artritis reumatoid

6 目の疾患・症状
め しっかん しょうじょう

目やに	eye mucus	ghèn	kotoran mata
老眼 ろうがん	presbyopia	lão thị	presbiopia
白内障 はくないしょう	cataract	đục thủy tinh thể, cườm mắt	katarak
緑内障 りょくないしょう	glaucoma	bệnh glaucoma, cườm nước	glaukoma

7 怪我
け が

傷 きず	wound	trầy xước, vết thương	luka

かさぶた	scab	vảy, đóng vảy sau vết thương	luka mengering, borok
膿 （うみ）	pus	mủ	nanah
打撲／打ち身 （だぼく／うちみ）	bruise	vết thâm, bầm tím	memar, lebam
出血 （しゅっけつ）	bleeding	chảy máu, xuất huyết	pendarahan
内出血 （ないしゅっけつ）	internal bleeding	chảy máu trong, xuất huyết nội bộ	pendarahan dalam
腰痛 （ようつう）	lower back pain	đau thắt lưng	sakit pinggang
褥瘡／床ずれ （じょくそう／とこずれ）	bedsore	loét vì nằm liệt giường, loét do tư thế nằm	Luka baring/ luka pada kulit karena terus berbaring

8 その他の症状 （た）

耳垢 （みみあか）	earwax	ráy tai	kotoran telinga
難聴 （なんちょう）	hearing difficulty	nghe kém, thính giác kém	gangguan pendengaran
鼻血 （はなぢ）	nosebleed	máu cam	mimisan, epistaksis
虫歯 （むしば）	tooth decay	răng sâu	karies gigi
歯周病 （ししゅうびょう）	periodontal disease	bệnh nha chu	penyakit periodontal, gusi, periodontitis
インフルエンザ	influenza	cúm	influenza
気管支炎 （きかんしえん）	bronchitis	viêm phế quản	bronkitis
喘息 （ぜんそく）	asthma	hen suyễn	asma
肺炎 （はいえん）	pneumonia	viêm phổi	pneumonia
胃炎 （いえん）	gastritis	viêm ruột / dạ dày	gastritis
ノロウイルス	norovirus	Nô-rô vi-rút (Norovirus)	virus noro

やってみよう

1 読み方をひらがなで書き、右から関係のある絵を選んで線で結びましょう。

例）鼻水 ——————
（　はなみず　）

① 腰痛　　・
（　　　　　）

② 麻痺　　・
（　　　　　）

③ 褥瘡　　・
（　　　　　）

④ 言語障害・
（　　　　　）

⑤ 徘徊　　・
（　　　　　）

2 風邪の症状はどれですか。当_あてはまるものを下_{した}から選んで○で囲_{かこ}みましょう。

火傷	吐き気	暴言	発熱	脱水
鼻づまり	褥瘡	虫歯	咳	

3 次_{つぎ}の絵があらわしている認知症の症状を何_{なん}というでしょうか。

①

（　　　　　　　　　　）

②

（　　　　　　　　　　）

③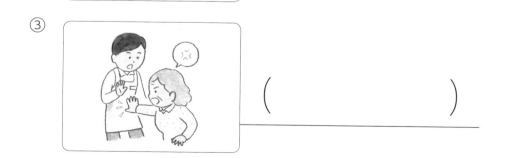

（　　　　　　　　　　）

4 病気や症状のことばを見つけて、○で囲みましょう。

ヒント

- **例）** 目の一部が白くなって見にく
  くなる病気。
- 体の水分が足りなくなること。
- 呼吸が速くなって、苦しくなること。
- かぜや病気にならないように気を
  つけること。
- おいしいものを見たり、寝ている
  ときに口から出るもの。
- 認知症の症状のひとつ。ものを忘
  れること。
- 口がかわくこと。
- 水分の多い便。
- 皮膚が赤くなって、かゆくなる症状。

は	い	く	よ	だ	れ	も
く	か	ぶ	れ	つ	こ	す
な	む	け	か	す	め	ち
い	よ	う	に	い	ね	い
し	こ	わ	み	そ	げ	き
よ	ぼ	う	た	り	せ	ぎ
う	と	も	の	わ	す	れ

ステップアップ

☆ 病気と症状のことばはたくさんあって、覚えるのが大変です。
絵カードや文字カードを作り、裏と表に書いて何回も繰り返し練習して
みましょう。

病は気から？

日本には、「病は気から」ということわざがあります。「多くの病気は、気の持ち方ひとつでよくも悪くもなる」という意味です。実際の病気ではなくても、心配ごとや悩みごとがもとで、体調をくずしてしまう場合にも使われることばです。
その反対に、よく笑うことでがん細胞を退治してしまうという研究データがあります。病気でもあまり気にせず、明るく元気よく生活していれば、体も元気になるかもしれませんね。

Yamai wa ki kara? (Care killed the cat?)

There is a Japanese proverb that goes *yamai wa ki kara* (care killed the cat). It means that many diseases can become better or worse depending on one's state of mind. The proverb can be used in cases people who are otherwise healthy become sick because of worrying or distress. Conversely, research has shown that laughing often can help kill cancer cells. If people try not to worry about their illness and instead try living active, healthy lives, this could lead to healthier bodies.

Bệnh do tâm?

Nhật Bản có câu tục ngữ "Bệnh do tâm".
Có nghĩa là "phần lớn bệnh chỉ là do cách điều khiển tâm trạng mà xấu đi hay tốt lên". Đây là câu tục ngữ dùng cả trong trường hợp thực tế không có bệnh nhưng do lo lắng, suy nghĩ mà tình trạng sức khỏe trở nên không tốt.
Ngược lại với điều đó, ta lại có dữ liệu nghiên cứu cho rằng cười thường xuyên sẽ đẩy lui tế bào ung thư. Dù bị bệnh đi nữa mà nếu không bận tâm nhiều, vẫn sống vui vẻ, lạc quan thì cơ thể cũng có thể trở nên khỏe mạnh nhỉ.

Penyakit Berasal dari Pikiran?

Di Jepang ada peribahasa "Penyakit berasal dari pikiran". Artinya adalah sebagian besar penyakit bisa membaik maupun memburuk dipengaruhi oleh cara berpikir kita. Selain itu, peribahasa ini juga dapat digunakan ketika kondisi tubuh memburuk yang berasal dari kekhawatiran dan pikiran yang tidak tenang, dan bukan berasal dari penyakit pada umumnya. Sebaliknya, ada data penelitian bahwa sel kanker dapat berkurang berkat sering tertawa. Meskipun sakit namun jika tidak dipikirkan secara berlebihan dan hidup dengan gembira, mungkin badan juga akan menjadi sehat.

Lesson 9

様子をあらわすことば

ウォーミングアップ

☆ 音や声を表すことばにはどんなことばがありますか。

☆ 様子を表すことばにはどんなことばがありますか。

☆ 日本語で、犬の鳴き声はなんというか知っていますか。

ワンワン

日本語では、体の痛みや体の状態を説明するときに、よく使うことばがあります。例えば、頭が痛いとき「頭がずきずきする」と言ったり、心臓が苦しいとき「心臓がどきどきする」と言ったりします。また、驚いたときに「はっとした」ということもあります。このようなことばをオノマトペといいます。いろいろなオノマトペを覚えて、利用者の体の状態を理解しましょう。

会話　🔊 04

1

サリ　　：鈴木さん、どうなさいましたか。

鈴木　　：体がぞくぞくするんです。

サリ　　：じゃあ、熱をはかってみましょうか。

鈴木　　：それに… 頭もがんがんするんです。

サリ　　：大丈夫ですか。風邪かもしれませんね。

90

2

リン　　　： 山田さん、お食事はもう終わりましたか。あまり召し上がって
　　　　　　いませんね。

山田　　　： 胃の調子が悪くて…むかむかするんだよ。

リン　　　： そうですか。大丈夫ですか。

3

ジェニー　： 川野さん、どうなさいましたか。

川野　　　： お腹が痛いんだ。

ジェニー　： どんなふうに痛みますか。きりきりする？ちくちく？しくし
　　　　　　く？

川野　　　： ごろごろするんだよ。

ジェニー　： ああ、お腹をこわしたのかもしれませんね。トイレに行ってみ
　　　　　　ましょうか。

4

エマ　　　： 鈴木さん、よくかんで食べてくださいね。もぐもぐ。

鈴木　　　： （ずっとかんでいる）

エマ　　　： はい、ごっくんしてください。

鈴木　　　： （飲み込む）

＊飲み込む　to swallow ／ nuốt ／ menelan

1 体の状態とよく使われるオノマトペ

頭の痛み	胃腸の異常	発熱
ずきずき ずきんずきん ずきっ	きりきり	ぞくぞく ぞくっ
がんがん	しくしく	ふらふら ふらっ
	ちくちく	ぽーっ

胃腸の異常（い ちょう い じょう）	発熱（はつねつ）
ごろごろ	ぐったり
むかむか	くらくら

心臓の異常（しんぞう い じょう）	皮膚の痛み（ひ ふ）
どきどき どきんどきん どきっ	ひりひり ぴりぴり びりびり
ばくばく	じんじん

① 体の調子

1. 熱があって、体が**ぞくぞく**する。

2. 胃の調子が悪くて、**むかむか**する。

3. カラオケで歌いすぎて、のどが**ひりひり**する。

4. 頭が**ふらふら**して、まっすぐ歩けない。

5. 急に起き上がると、頭が**くらくら**する。

6. めまいで、**ふらっ**とした。

7. 牛乳を飲むとお腹が**ごろごろ**する。

8. 風邪をひいて、鼻水が**ずるずる**出た。

9. 空気が乾燥していて、咳が**こんこん**出る。

   ＊乾燥　dried ／ khô ／ kering

10. 朝ご飯を食べなかったので、おなかが**ぺこぺこ**だ。

11. のどが**からから**にかわいた。

12. 疲れて、**くたくた**になってしまった。

2 気持ち

1. みんなの前で自己紹介をしたとき、緊張して**どきどき**した。

When I introduced myself in front of everyone, I was tense and nervous. ／
Khi tự giới thiệu trước mọi người, tôi đã căng thẳng, hồi hộp. ／
Saat memperkenalkan diri di depan orang banyak, grogi deg-degan.

2. 利用者さんが談話室で急にズボンを脱いだので、私は**どきっ**とした。

Because a care recipient suddenly took off their pants in the lounge, I was surprised. ／
Vì người sử dụng thình lình cởi quần trong phòng trò chuyện nên tôi giật cả mình. ／
Saya terperangah karena di ruang berbicara pengguna panti wreda tiba-tiba membuka celana panjangnya.

3. けんかをしている利用者さんたちを見て、**はらはら**した。

When I saw care recipients fighting, I felt nervous. ／
Nhìn người sử dụng cãi nhau, tôi sốt cả ruột. ／
Saya khawatir melihat pengguna panti wreda bertengkar.

4. 足が悪い吉田さんが転びそうになったので、**はっ**とした。

Because Mr. Yoshida, whose legs are bad, almost fell down, I was startled. ／
Tôi giật mình vì ông Yoshida chân yếu suýt bị ngã. ／
Saya kaget karena melihat Yoshida, yang kakinya sakit, hampir jatuh.

5. 初めての夜勤で、事故が起きないかと朝まで**ひやひや**していた。

On the first night duty, I was terrified whether or not an accident occurred. ／
Lần đầu tiên làm ca đêm, tôi lo lắng đến sáng vì sợ có sự cố. ／
Saya was-was sampai pagi jangan-jangan terjadi kecelakaan saat jaga malam pertama kali.

6. 移乗のとき、小林さんが車いすから落ちそうになったので**ひやっ**とした。

Because Ms. Kobayashi almost fell from her wheelchair when I was lifting her, I felt a chill. ／
Khi di chuyển, bà Kobayashi suýt rơi khỏi xe lăn khiến tôi hoảng hồn. ／
Saya terperanjat karena Kobayashi hampir jatuh dari kursi roda ketika naik ke kursi roda.

7. 体の調子が悪いと、**いらいら**する利用者さんが多い。

There are many care recipients who become irritated when their physical condition is not good. ／
Khi tình trạng cơ thể không tốt, nhiều người sử dụng trở nên cáu kinh. ／
Banyak pengguna panti wreda yang kesal ketika keadaan tubuhnya buruk.

8. 田中さんは、家族が面会に来るので、昨日から**うきうき**している。

Because his family is coming to see him, Mr. Tanaka has been happy and excited since yesterday. ／
Ông Tanaka phấn chấn từ hôm qua vì có người nhà đến thăm. ／
Tanaka riang gembira dari kemarin karena keluarganya akan datang berkunjung.

9. 斉藤さんは、明日誕生日会があるので、**わくわく**しているようだ。

Because she will has a birthday party tomorrow, Ms. Saito seems to be excited. ／
Ông Saito có vẻ phấn khích vì ngày mai có tiệc sinh nhật. ／
Saito berbunga-bunga karena besok hari ulang tahunnya.

3 様子

1. 久しぶりに髪の毛をあらったので、**さっぱり**した。
2. 川口さんは、今日排便があって**すっきり**したようだ。
3. はなさんは、**ゆっくり**歩きはじめた。
4. 今日は、部屋で**のんびり**過ごしてくださいね。
5. 時々、外を**ぼんやり**眺めている。
6. 山中さんが「お腹がすいた。」と言ってティッシュを食べようとしたので、

びっくりした。

ぼんやり

1 正しいことばの使いかたを選びましょう。

① 頭が　　（　　くたくた　　がんがん　　ぺこぺこ　）　する。

② 胃が　　（　　ぴりぴり　　ほくほく　　きりきり　）　痛い。

③ 体が　　（　　ぞろぞろ　　むかむか　　ぞくぞく　）　する。

④ のどが　（　ひやひや　　しくしく　　ひりひり　）　する。

2 適当な答えを選びましょう。

① 床ずれで、背中が（　ごろごろ　ずきずき　はらはら　）痛みます。

② 辛い物を食べて、口の中が（　よろよろ　ひりひり　ちくちく）する。

③ 鼻水が（　がんがん　するする　ずるずる　）でる。

④ 何も食べていないからおなかが（　ぽこぽこ　ぺこぺこ　とことこ　）だ。

3 下の中から適当な答えを選んで書きましょう。

① 鈴木さんは疲れているのか（　　　　　　　　　）テレビを見ている。

② 早く歩くとあぶないですから、（　　　　　　　　　）歩きましょうね。

③ 便秘が治ってお腹が（　　　　　　　　　）した。

④ お風呂で体をきれいに洗ったので、（　　　　　　　　　）した。

ぼんやり　　すっきり　　さっぱり　　ゆっくり　　のんびり

ステップアップ

☆　日本のマンガには、オノマトペがたくさん使われています。絵とオノマトペが一緒に描かれているため、意味が伝わりやすいのでとてもいい教材になります。マンガのオノマトペを使って意味について話し合ったり、発表したり、グループでいろいろな活動をしてみましょう。

コラム

ごろごろしましょう。

「ごろごろ」はどんな時に使うでしょうか。実は、いろいろな使い方があります。

・牛乳を飲んだので、おなかがゴロゴロいっている。
・目にごみが入ってごろごろする。
・川の近くに石がごろごろ転がっている。
・ねこが喜んでのどをゴロゴロならしている。
・休みの日に家でごろごろする。

ひらがなの「ごろごろ」とカタカナの「ゴロゴロ」がありますね。このように、様子を表すときにはひらがなで書き、音を表すときにはカタカナで書くことが多いです。おもしろいですね。

Let's idle away.

When do you use gorogoro? There are actually various ways to use the word.
· Because I drank milk, my stomach is rumbling.
· I have got some dirt in my eye.
· Stones scatter near a river.
· A cat purrs with pleasure.
· I idle away at home on my days off.
Gorogoro can be written in hiragana and in katakana. As the above shows, gorogoro is written in hiragana to describe a situation, and gorogoro is written in katakana to describe sounds. Interesting, isn't it?

Hãy *goro goro*

Từ goro goro được dùng vào những lúc nào nhỉ? Thật ra, có rất nhiều cách sử dụng.
- Vì mới uống sữa nên bụng kêu goro goro (rột rột).
- Bụi bay vào mắt nên goro goro (giụi giụi).
- Hòn đá lăn goro goro (lăn lóc) gần bờ sông.
- Con mèo vui sướng kêu goro goro (grừ grừ) trong cổ họng.
- Ngày nghỉ, tôi goro goro (nằm lăn, nghỉ ngơi thong thả) ở nhà.

Có goro goro được viết bằng chữ Hiragana (ごろごろ) và goro goro được viết bằng chữ Katakana (ゴロゴロ). Phần lớn, khi diễn đạt tình trạng thì viết bằng Hiragana, còn khi diễn đạt âm thanh thì viết bằng Katakana. Thú vị nhỉ.

Ayo Bergoler (Goro-goro)

"Bergoler" (Goro-goro) digunakan dalam situasi seperti apa? Sebenarnya ada banyak cara menggunakan istilah ini.
*Perutnya keroncongan (goro-goro) karena minum susu.
*Rasanya mengganjal (goro-goro) karena kotoran masuk ke mata.
* Batu jatuh menggelinding (goro-goro) di dekat sungai.
*Kucingnya mengeong-eong (goro-goro) karena sedang gembira.
*Bergoler (goro-goro) di rumah di hari libur. Ada "goro-goro" yang ditulis dengan hiragana dan juga katakana.

Goro-goro yang mendeskripsikan keadaan ditulis dengan hiragana, dan yang mendeskripsikan bunyi ditulis dengan katakana. Menarik ya.

介護記録を読む・書く

ウォーミングアップ

☆ 書類にわからないことばや読めない漢字があったらどうしますか。

☆ 「5W1H」ということばを知っていますか。

介護記録のいろいろ

・ 業務日誌

・ フェイスシート、ケアプラン、経過記録、排泄記録、食事記録、入浴記録、バイタル記録、水分補給記録、夜間巡回記録

・ 事故報告書、ヒヤリハット報告書

・ ケアカンファレンス記録、連絡ノート／連絡帳、行事計画書

＊日誌　log ／ ghi chép hằng ngày, báo cáo ngày ／ catatan harian

＊フェイスシート　face sheet ／ miếng đắp mặt ／ lembar penilaian, lembar asesmen

＊経過　process ／ quá trình ／ perkembangan

＊水分補給　hydration ／ uống nước, cung cấp nước ／ asupan cairan

＊夜間巡回　night patrol ／ tuần tra ban đêm ／ patroli malam hari

＊事故　accident ／ tai nạn, sự cố ／ kecelakaan

＊報告書　report ／ bản báo cáo ／ lembar laporan

＊ケアカンファレンス　care conference ／ hội nghị chăm sóc ／ rapat mengenai perawatan manula

＊連絡ノート・連絡帳　communication notebook ／ sổ liên lạc ／ buku penghubung, catatan kontak

＊行事計画書　event plan ／ bản kế hoạch sự kiện ／ lembar rencana kegiatan

介護記録を読む

（1）全体の業務日誌

特養業務日誌	2019年 3月19日	施設長 印	生活相談員 印	介護主任 印	記録者　山口健 印
利用者の状況					

	男性	女性	計	特記事項
在籍者				検査入院していた中山よし様は、昨日退院されたので、本日14時頃、娘さんが連れて来てくださるという連絡あり。
外泊者				
入院者				
退所者				
ショートステイ				
計				

行事・面会その他
書道クラブ　14：30〜15：30　談話室にて

介護の状況・申し送り事項		
氏名	時刻	
鈴木はな　様	8：00	朝の検温で、37.5度だったので、本日の入浴は、様子をみて決定する。
池内清　様	9：30	朝食のとき、普段より100ml多めに水分を補給した。

＊記録者／記入者、（ケア／サービス）内容、状況、特記事項　→ 104ページ　ことば

＊在籍者：registered person ／ người đang ở, người trực thuộc ／ pengguna yang terdaftar di panti wreda

＊外泊者：person who stays overnight ／ bệnh nhân ngoại trú ／ pengguna panti wreda yang sedang menginap di luar panti wreda

＊入院者：inpatient ／ người sử dụng, bệnh nhân nội trú ／ pasien yang masuk rumah sakit

＊ショートステイ：short stay ／ ở ngắn ngày ／ tinggal sementara

右端縦書き：介護記録を読む・書く

（２）個人の経過記録（ケース）

ジェローム特別養護老人ホーム

利用者経過記録

利用者名：鈴木はな

年月日	時間	場面	種別	事項	記録者
2018/6/1	00:00	日常	介護日誌（夜勤）	日常内容；巡視　入眠中	斉藤 隆
2018/6/1	02:00	日常	介護日誌（夜勤）	日常内容：巡視　入眠中	斉藤 隆
2018/6/1	04:00	日常	介護日誌（夜勤）	日常内容：巡視	斉藤 隆
2018/6/1	05:00	日常	介護日誌（夜勤）	日常内容：体位交換	斉藤 隆
2018/6/1	08:00	ケース	介護日誌（日勤）	朝食後の口腔ケア	中山 千絵
2018/6/1	14:00	入浴	介護日誌（日勤）	入浴方法：チェアー浴 入浴前バイタル測定、変わりなかったため、チェアー浴にて入浴。	濱口 昭
2018/6/1	15:30	ケース	介護日誌（日勤）	おやつの後、居室に移動。10分後、嘔吐されたため、阿部看護職員に報告する。	濱口 昭

＊日勤、夜勤、巡視　→104 ページ　ことば

介護記録を書く

記録を書くときに大切なポイント

（1）利用者の様子をよく見る

日時、利用者の様子、言ったこととしたこと、まわりの様子を正しく記録するため、いつもメモを持って記録しておきましょう。

（2）見たり聞いたりした事実だけを書く

思ったこと、考えたことは書く必要がありません。実際に見たこと、聞いたことだけを書きましょう。

＊事実：fact ／ sự thật ／ kenyataan

（3）具体的な表現を使って書く

正確な情報を伝えるため、数字や様子を表すことばを使って説明しましょう。

（4）その時の状況を詳しく説明しながら行ったケアについて書く

５Ｗ１Ｈの書き方を使い、「いつ→どこで→だれが→なにを→なぜ→どのように」したのか、順序良く説明することが大切です。利用者の様子→介護職員が行ったケアの順に説明するとわかりやすくなります。

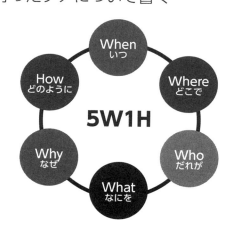

ことば

	英語	ベトナム語	インドネシア語
記録者 / 記入者	recorder	người ghi chép / người điền	pencatat/penginput (data)
（ケア／サービス）内容	(care, service) contents	nội dung (chăm sóc / dịch vụ)	isi pelayanan/servis
状況	condition	tình trạng	keadaan
特記事項	special notes	điều mục ghi chép đặc biệt	hal khusus
日勤	daily service	làm ca ngày	jaga siang
夜勤	night duty	làm ca đêm	jaga malam
早番	early shift	ca sớm	jaga dini hari
遅番	late shift	ca muộn	jaga tengah malam
巡回 / 巡視	patrol	tuần tra	patroli/ tugas keliling
対応	correspondence	xử lý, ứng phó	penanganan

① 次のまんがを見て、その時の様子を詳しく記録に書きましょう。

例　食堂で

お腹がすいていないから食べたくない！

中村さん、晩ご飯ですよ。

今日は中村さんの好きな魚ですよ。少し食べてみませんか。

あら、おいしそうね。

　夕食時、イライラしている様子で、「食べたくない」と言っていたが、今日のメニューは中村さんの好きな魚であることを伝えたところ食欲が出てきたようで、うれしそうに食べた。

居室で

これ、母の好きなプリンを買ってきたので、食べさせてください。

はい。おやつの時に鈴木さんにさしあげますね。冷蔵庫に入れておきましょう。

❷ 読み方をひらがなとローマ字（パソコン入力練習）で書きましょう。

例) 介護　　（　　　かいご　　　）　＿＿＿＿KAIGO＿＿＿＿

① 認知症　　（　　　　　　　　　）　＿＿＿＿＿＿＿＿＿＿

② 内出血　　（　　　　　　　　　）　＿＿＿＿＿＿＿＿＿＿

③ 寝たきり（　　　　　　　　　）　＿＿＿＿＿＿＿＿＿＿

④ 麻痺　　　（　　　　　　　　　）　＿＿＿＿＿＿＿＿＿＿

⑤ 褥瘡　　　（　　　　　　　　　）　＿＿＿＿＿＿＿＿＿＿

⑥ 言語障害（　　　　　　　　　）　＿＿＿＿＿＿＿＿＿＿

⑦ 脳梗塞　　（　　　　　　　　　）　＿＿＿＿＿＿＿＿＿＿

⑧ 徘徊　　　（　　　　　　　　　）　＿＿＿＿＿＿＿＿＿＿

⑨ 鼻づまり（　　　　　　　　　）　＿＿＿＿＿＿＿＿＿＿

⑩ 暴力　　　（　　　　　　　　　）　＿＿＿＿＿＿＿＿＿＿

⑪ 発熱　　　（　　　　　　　　　）　＿＿＿＿＿＿＿＿＿＿

⑫ 難聴　　　（　　　　　　　　　）　＿＿＿＿＿＿＿＿＿＿

⑬ 脱水　　　（　　　　　　　　　）　＿＿＿＿＿＿＿＿＿＿

ステップアップ

☆ パソコンで正しく入力するためには、正しい読み方ができなければなり
　ません。介護記録を声に出して読み、日本人に聞いてもらいましょう。

昔よく使っていたことば

みなさんは、「トイレ」、「お手洗い」 どちらのことばをよく使いますか。

この2つのことばのほかに、「便所」、「かわや」ということばもありますが、最近は、ほとんど使われなくなりました。

また、「ハンガー」というのは使っていますが、「えもんかけ」というのはあまり使われなくなりました。施設では、日本語の教科書に載っていないような古いことばがよく聞かれます。どういう意味か利用者や職員に聞いてみましょう。

Words that were often used in old times

Which do you use more often, a word *toire* or *otearai* (toilet)? Besides these words, there are also benjyo and *kawaya*. However, these two are not often used these days.

Furthermore, the word *hangaa* (hangers) is often used, but the word *emonkake* is not. In care facilities, we often hear archaic words that are not seen in Japanese textbooks. You should ask your care recipients or colleagues what these archaic words mean.

Những từ ngày xưa thường dùng

Các bạn thường sử dụng từ "toire (toa-lét)" hay "otearai (nhà vệ sinh)"? Ngoài 2 từ này còn có "benjo (cầu tiêu)", "kawaya (nhà xí)" nhưng gần đây hầu như không còn được sử dụng nữa.

Ngoài ra, chúng ta dùng "hanga (móc áo)" còn từ "emon kake" không còn được sử dụng nhiều. Ở trung tâm chăm sóc, các bạn sẽ thường được nghe những từ cũ, không có trong sách học tiếng Nhật. Hãy thử hỏi người sử dụng hay nhân viên xem những từ đó có nghĩa gì nhé.

Kata yang Dulu Sering Dipakai

Kalian lebih sering menggunakan kata 'toilet' atau 'kamar kecil'? Selain 2 kata ini, ada juga kata 'kakus' dan 'jamban', tetapi sekarang ini sudah jarang digunakan. Lalu, kata 'hanger' juga digunakan sedangkan kata 'gantungan baju' jarang digunakan. Di panti wreda, juga sering terdengar kosakata lama yang tidak tertulis dalam buku pelajaran Bahasa Jepang. Mari coba menanyakan apa arti kata tersebut kepada pengguna panti wreda atau karyawan.

申し送り

ウォーミングアップ

☆ 「申し送り」ということばを聞いたことがありますか。

☆ 申し送りを聞くとき、どんなことに気をつけたらいいと思いますか。

毎日状態が変化する高齢者に対して、チームでより良い介護を行うために、申し送りを行います。一般的に、介護記録をもとに、口頭で利用者の状況を伝えます。

＊より良い：better ／ tốt hơn ／ lebih baik

＊一般的：general ／ một cách phổ thông , phổ biến ／ secara umumn

＊口頭：oral ／ nói miệng ／ lisan

申し送りを聞く

申し送りを聞くとき、次の三つのステップをふむと、理解しやすくなります。

① 申し送りの前に、スケジュールや利用者の様子をできるだけ確認しておく。

② 大切なことば（キーワード）だけを拾ってメモしながら聞く。（自分の国のことばでもいいので正確にメモしましょう。）

③ わからないことがあればその場ですぐに質問したり、介護記録を読んだりして、しっかりと確認する。

＊理解：understanding ／ hiểu, lý giải ／ pemahaman　＊スケジュール：schedule ／ thời gian biểu ／ jadwal

キーワードの確認

次の申し送りを聞き、キーワードに線を引きましょう。

・「だれ」について、どのような「情報」がありますか。

・職員への指示はありますか。

👂 申し送り　　🔊 05

1

おはようございます。では、申し送りをします。まず、鈴木様は、着替えがとても少なくなっていますので、ご家族に伝えてください。昨日は、パジャマのズボンがなかったので、施設のものをお貸ししました。着替えの時には、ちゃんと確認するようにお願いします。

＊着替え：change of clothes ／ quần áo, đồ để thay ／ ganti baju　＊パジャマ：pajama ／ đồ bộ, py-ja-ma ／ baju tidur, piyama

2

それから、遠藤様ですが、昨日排泄介助の際に足を掻いていたので見たところ、右のふくらはぎに発赤が見られました。看護師さんに相談したら、軟膏を塗布するようにということでしたので、一度塗っておきました。引き続き患部の状態をみて、問題があれば看護師さんに相談してください。

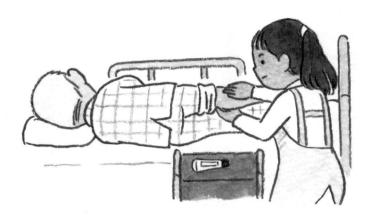

＊際に：in the event of ／ khi ~ ／ pada saat　＊掻く：to scratch ／ gãi ／ menggaruk　＊塗布：applying ／ (thuốc) bôi, đắp ／ pengolesan　＊塗る：to apply ／ bôi, thoa, xức ／ mengoles　＊患部：affected part ／ vùng tổn thương, chỗ bị bệnh ／ bagian yang sakit

🔊 申し送り　　　🔊 07

3

それから、昨晩、中川様に徘徊が見られました。12時に廊下を歩いていたので中川様の居室に誘導したのですが、10分後に今度はスタッフルームにいらっしゃったので、落ち着くまで談話室でお話をしてからまた居室に戻っていただきました。最近、徘徊が続いているようなので、怪我のないよう注意をお願いします。

*誘導：guidance ／ dẫn dắt, hướng dẫn ／ panduan

*落ち着く：to calm down ／ bình tĩnh, ổn định ／ tenang

🔊 申し送り　　　🔊 08

4

あ、それから、新しく入所される方のことですけど、今日から伊藤様という85歳の男性の方が入所されるとのことですので、ご対応をお願いいたします。えーっと、ちょっとまだ何時にいらっしゃるかわからないんですけど。主任に聞いてみてください。以上です。では、よろしくお願いします。

*入所：admission ／ vào trung tâm, vào cơ sở ／ masuk (panti wreda)

情報をまとめる

申し送りでは、「だれ」について、「どのような情報」がありますか。職員への「指示」はありますか。表にわかりやすくまとめてみましょう。

利用者	情報	指示
鈴木	・着替えが少ない ・施設のパジャマ貸し出し中	・家族に知らせる ・着替えの時チェック
遠藤	・右ふくらはぎに発赤 ・一度軟膏を塗布した	・経過観察 ・問題あれば看護師に相談
中川	・昨夜 12:00 徘徊あり （廊下やスタッフルーム）	・徘徊が続いているため、注意して見守る
伊藤	・新しい入居者 ・85 才男性	・入居時間は主任に確認

＊まとめる：to gather ／ tổng hợp, tổng kết ／ menyimpulkan　＊貸し出し：rental ／ cho mượn ／ peminjaman　＊経過観察：(medical) observation ／ theo dõi quá trình ／ observasi perkembangan

申し送りの準備

上の表をもとに、申し送りをわかりやすく簡単に書き直してみましょう。

鈴木様の着替えが少ないため、ご家族に連絡してください。現在施設の
パジャマのズボンを貸し出しているので、着替えの際確認してください。
遠藤様は、右ふくらはぎに発赤があり、看護師さんの指示により一度軟膏を
塗布しました。引き続き観察し、問題があれば看護師さんに相談してください。
中川様は、昨晩 12:00 に徘徊がありました。場所は廊下とスタッフルーム
です。最近徘徊が続いているようなので、注意して見守ってください。
本日より、伊藤様 85 歳男性が入居されます。入居時間は未定のため、
主任に確認してください。

申し送りをする

申し送りをする前にしておく３つのこと

① 利用者の名前を確認する→名前を間違えないようにする

② 利用者の現在の状態をかんたんにまとめる

③ 次の担当者に対応してもらいたい内容を簡潔にまとめる

＊簡潔：brevity ／ ngắn gọn, đơn giản ／ ringkas

簡潔に重要なことだけをまとめること。長く話すとわかりにくくなります。
事実だけを短い言葉で伝えましょう。

わかりやすい申し送りをするために大切な３つのこと

1. ことばをはっきりと話しましょう。

2. ちょうどいいスピードで話しましょう。

3. いい発音をこころがけましょう。

1 次の申し送りを読みましょう。

では、申し送りをします。井上様ですが、最近食欲がないようで、体重が減っています。ご自分で召し上がろうとしないので、スプーンを持たせて完食できるように見守ってください。それから、本日ショートステイに松本様という女性の方がいらっしゃる予定です。89歳です。歩行が困難で車いすを利用なさるので、玄関に準備するようにお願いいたします。到着は 10 時半頃とのことです。

＊到着：arrival ／ đến nơi ／ tiba, sampai

① 申し送りでは、「だれ」について、「どのような情報」がありますか。職員への「指示」はありますか。表にわかりやすくまとめてみましょう。

利用者	情報	指示

② 左の表をもとに、申し送りをわかりやすく簡単に書き直してみましょう。

2 次のマンガを見てメモにキーワードを書き、申し送りをしてみましょう。

① メモにキーワードを書きましょう。

利用者	情報	指示

② メモをもとに、わかりやすい申し送りを書いてみましょう。

![ステップアップ]

☆ 伝言ゲームでは、3人から5人程度のチームに分かれて伝言が正しく伝わるか競います。習ったことばを使うことで介護の語彙を増やしていきます。

毎日１行日記で申し送りもばっちり！

みなさんには、日記をつける習慣がありますか。日記をつけることには、字が上手になる、ことばを覚える、説明がうまくなるなどのメリットがたくさんありますが、毎日続けることが大切です。でも、「三日坊主」ということわざがあるように、毎日続けることは難しいですね。そんな人は、毎日１行だけの日記をはじめてみてはどうですか。

An everyday one sentence diary makes handing over successful!

Do you have a habit to keep a diary? Keeping a diary has many benefits including good writing, learning words, clear explanations, and it is important to continue it every day. However, as a proverb "mikka boozu" (a spasmodic worker) says, it is difficult to keep a diary every day. It is a good idea for such people to start keeping a diary that they write only one sentence every day.

Hằng ngày truyền đạt thông tin bằng nhật ký 1 dòng là hoàn hảo!

Các bạn có thói quen viết nhật ký không? Viết nhật ký có nhiều lợi ích như viết chữ đẹp lên, nhớ thêm từ vựng, giải thích giỏi hơn v.v. và quan trọng là phải tiếp tục mỗi ngày. Nhưng cũng như câu "ba, bảy, hai mốt ngày" (tiếng Nhật là "mikka bozu"), việc tiếp tục hàng ngày thật khó nhỉ. Những người như vậy thử bắt đầu viết nhật ký chỉ 1 dòng mỗi ngày xem sao?

Semakin Sempurna dengan Sebaris Catatan Harian untuk Serah Terima Tugas!

Apakah kalian punya kebiasaan menulis catatan harian? Menulis catatan harian banyak keuntungannya, seperti tulisannya menjadi rapi, bisa mengingat kosakata, kemampuan menjelaskan meningkat dan sebagainya, namun, yang paling penting adalah konsisten menulis setiap hari. Tetapi, layaknya peribahasa Jepang "Biksu Tiga Hari" (orang yang cepat bosan), konsisten melakukan setiap hari itu sulit. Orang-orang yang seperti itu, bagaimana kalau mencoba untuk mulai menulis catatan harian 1 baris setiap hari?

声掛け、傾聴

☆ 介護職員が利用者に声掛けをする目的はなんだと思いますか。

☆ 利用者の話を聞くとき、どんなことに気をつけたらいいと思いますか。

＊目的：purpose ／ mục đích ／ tujuan

声掛け

介護の現場で大切だと言われていることは声掛けです。声掛けがうまくいく
と、いいコミュニケーションをとることができ、利用者との関係づくりにも
つながります。

介護の仕事は、声掛けから始まります。「今日の体の調子はいかがですか。」
と体調を確認すると、必要な介助を考えることができます。また、「食事に
行きましょうか。」「車いすに乗りますよ。」など、これから何をするかを伝
えることによって、利用者は今から何をするかがわかり、安心して介護を受
けることができるのです。

＊関係づくり：relationship making ／ xây dựng mối quan hệ ／ membangun hubungan

傾聴
けいちょう

利用者のことばをただ「聞く」のではなく、気持ちを考えながら「聴く」ことが「傾聴」です。また、利用者のことばや感情を否定も肯定もしないで、ありのままに受け入れることを「受容」といいます。さらに、その気持ちを理解して温かく寄り添う「共感」も必要です。

*否定：negation ／ phủ định ／ bantahan　*肯定：affirmation ／ khẳng định ／ afirmasi　*ありのまま：as it is ／ nguyên như thế, bản chất vốn có ／ apa adanya　*受け入れる：to accept ／ tiếp nhận ／ menerima
*寄り添う：to cuddle close together ／ lại gần nhau, xích lại gần nhau ／ mendampingi

会話　　　　　🔊 09

1　　　　　　　　　　　　　　　　　　　　　　（居室で）

エマ　　：失礼します。おはようございます。ゆうべはよく眠れましたか。

佐々木　：うーん、ちょっと寒くて、よく眠れなかったよ。

エマ　　：そうですか。じゃ、毛布をもう1枚お持ちしましょうか。

佐々木　：うん、そうしてくれる？

エマ　　：はい、わかりました。朝ごはんのあとで、持ってきますね。

佐々木　：ありがとう。よろしく。

＊＊＊＊＊

エマ　　：カーテンを開けてもよろしいでしょうか。

佐々木　：はい、お願いします。

エマ　　：きょうも、いいお天気ですね。
　　　　　じゃ、ホールへ行きましょうか。
　　　　　ベッドを起こしますね。（ベッ
　　　　　ドを起こす）じゃ、足を下ろし
　　　　　て、くつをはきましょう。

佐々木　：はい。

エマ　　：では、車いすに移りましょう。私の肩につかまってくださいね。
　　　　　立ちましょう。1、2の3。

佐々木　：よいしょ。（車いすにすわる）ありがとう。

＊おろす：to unload ／ thả xuống, hạ xuống ／ menurunkan　　＊つかまる：to grab ／ nắm lấy, bắt được ／ menangkap

---

👂会話　　　　　　　　　　　　　　　　　　　🔊 10

2　　　　　　　　　　　　　　　　　　　　　　（居室で）

リュウ　　：失礼します。おはようございます。

高橋　　　：おはようございます。

リュウ　　：体調はいかがですか。

高橋　　　：体調はいいですよ。

リュウ　　：そうですか。よかったです。腰の調子はどうですか。

高橋　　　：まあね。前よりだいぶいいけど、まだ痛みます。

リュウ　　：そうですか…。じゃあ、湿布を貼りましょうか。

高橋　　　：うん、ありがとう。

3   **（談話室で）**

チャン ： そろそろお風呂の時間ですよ。

           ちょっとその前に体温を測りましょうか。

中村 ： はい。

＊＊＊＊＊

（脱衣所で）

チャン ： ご自分で脱げますか。

中村   はい、やってみます。靴下は届
           かないから脱がせてくれる？

チャン ： はい。

＊＊＊＊＊

（浴室で）

チャン ： お湯の温度をいっしょに確認しましょうか。

        （お湯をかけながら）

        これくらいでよろしいでしょう
        か。熱くないですか。

中村 ： ちょっと、ぬるいかな。熱くして
          くれる。

チャン ： わかりました。

＊ぬるい：tepid ／ nguội ／ hangat kuku (untuk air)

👀 会話　🔊 12

4　　　　　　　　　　　　　（認知症の方への対応 − 帰宅願望）

鈴木　：子どもが家で一人だから帰らなくちゃ。

サリ　：そうですか、心配ですね。

鈴木　：電話かけてみてくれる？

サリ　：わかりました。でも、もう遅
　　　　いので、明日の朝、電話して
　　　　みましょうか。

👀 会話　🔊 13

5　　　　　　　　　　　　（認知症の方への対応 − ものとられ妄想）

鈴木　：財布がない！ちょっと、あなた、私の財布知らない？

サリ　：どうなさいましたか。

鈴木　：ここにあった財布がないんだけど…。

サリ　：そうですか。あ、そろそろおやつ
　　　　の時間になりますので、食堂に行
　　　　きましょうか。おやつのあとで、
　　　　ゆっくり一緒に探しましょう。

＊おやつ：snack ／ bữa ăn xế ／ snack (kudapan)

🫁 会話　　　　　　　　　　　　　　　　　　　　🔊 14

6　　　　　　　　　　　　　　　　　　　　　（苦情への対応）

中村　　　：ちょっと！ このおかず、味がうすくてまずいよ！ 塩を入れてくれない？

ジェームス：そうですか…。厨房で作っているのでこちらには塩がないんです。

　　　　　　申し訳ありません。あとで、栄養士に相談してみますね。

中村　　　：あ、そう。早くしてね。

＊おかず：side dish ／ thức ăn, món ăn ／ lauk pauk

やってみよう

1 介護の現場では、利用者さんにどんな声掛けをするでしょうか。
声掛けをしてみましょう。

例）起床
おはようございます。起きていらっしゃいますか。

① よく眠れたかどうか聞く

② 体調を尋ねる

③ 検温する（体温を測定する）

④ 食事の時間に、食堂へ行く

⑤ 車いすに移乗する

ステップアップ

☆ 利用者の気持ちを考えた会話の練習をしてみましょう。ペアで利用者と
介護職員の役に分かれ、適切なあいづちを打ったり、利用者が言ったこ
とばを繰り返したりしながら、傾聴と共感のコミュニケーションの方法
を練習します。

あいづち上手は聞き上手

利用者との会話は、介助の際の声掛けだけではありません。利用者の中には、家族の話、趣味の話、若い頃の話などをするのが好きな人がたくさんいます。「いいですね！」「すごいですね！」「え〜、本当ですか。」など、共感的なあいづちを打ちながら、利用者のいい話し相手になりましょう。

あまり話さない人でも、「すてきな洋服ですね。」「きれいな色ですね。」など、ほめることばを使って言えば、きっと喜んでくださると思いますよ。

People who are good at back-channeling are good listeners

Having conversations with care recipients is more than just approaching them to assist them. There are many care recipients who like talking about their families, hobbies, and their younger days. Replying to them with comments like "Nice!", "Great", and " Really?" while showing that you understand how they feel will help you become a better conversation partner for your care recipients.

People who don't talk much may be pleased to hear compliments such as "your dress is wonderful, isn't it?" and "it's a nice color, isn't it?"

Lời nói / thái độ phụ họa (aizuchi) giỏi là lắng nghe giỏi

Trò chuyện với người sử dụng không chỉ là bắt chuyện khi chăm sóc. Có rất nhiều người sử dụng thích nói chuyện về gia đình, về sở thích hay kỷ niệm thời trẻ v.v. Hãy nói những câu phụ họa đồng cảm như "thích nhỉ.", "giỏi quá nhỉ!", "ồ, thật không?" v.v. để trở thành người trò chuyện tốt của người sử dụng nhé.

Ngay cả với những người không trò chuyện gì, nếu dùng những câu từ khen ngợi như "cái áo đẹp quá", "màu đẹp nhỉ" v.v. để trò chuyện, chắc chắn họ sẽ thấy vui lắm đấy.

Pandai Merespon Pembicaraan Lawan Bicara Artinya Pendengar yang Baik

Percakapan dengan pengguna panti wreda bukan hanya sapaan ketika memberikan bantuan saja. Di antara para pengguna panti wreda, banyak yang senang bercerita tentang masa mudanya, kegemarannnya, dan keluarganya. Mari menjadi lawan bicara yang baik bagi pengguna panti wreda dengan merespon pembicaraan mereka seolah kita merasakan hal yang sama dan mengatakan "Bagus ya.", "Luar biasa ya.", "Wah, benarkah?". Orang yang jarang berbicara pun pasti juga akan senang kalau kita memujinya dengan, "Pakaiannya bagus ya." atau "Warnanya indah ya.".

大切な情報を読む

ウォーミングアップ

☆ 日本語でわからないことばや読めない漢字があったらどうしますか。

☆ 施設内にある掲示物を読んでみましょう。

記録以外で、介護施設で読む大切な情報には次のようなものがあります。

1 掲示物　notice ／ bàn tin ／ buletin/pengumuman

				9月の行事		
SEPTEMBER						
日	月	火	水	木	金	土
1 休み	2 お誕生日会	3 ゲーム	4 元気体操	5 お寿司の日	6 おかし作り	7 カラオケ
8	9	10	11	12	13	14

行事予定表

パッケージ

利用者：
伊藤正さま

15 時
息子さん来訪予定

手書きメモ

＊来訪　visit ／ đến thăm ／ kunjungan

2 献立表　menu ／ thực đơn ／ tabel menu

献 立 表

		9 / 1（日）	9/2（月）	9/3（火）
朝食	主食	ごはん／お粥	パン	ごはん／お粥
	主菜・副菜	厚揚げの煮物 ほうれん草のおひたし ふりかけ	オムレツ ツナサラダ	焼き魚（サケ） いんげんのごま和え 卵焼き
	その他	お茶 果物（りんご）	牛乳 果物（バナナ）	お茶 果物（ぶどう）
昼食	主食	親子どんぶり	ごはん／お粥	きつねうどん
	主菜・副菜	つけもの	から揚げ トマトサラダ みそ汁	カボチャの煮物
	その他	お茶	お茶	お茶
間食		みたらし団子	プリン	どらやき
夕食	主食	ごはん／お粥	ごはん／お粥	ごはん／お粥
	主菜・副菜	肉じゃが わかめの酢の物 すまし汁	煮魚（カレイ） 白和え	ハンバーグ ひじきの煮物 オニオンスープ
	その他	お茶	お茶	お茶

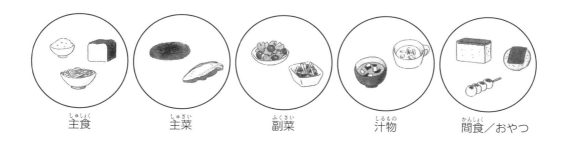

主食（しゅしょく）　主菜（しゅさい）　副菜（ふくさい）　汁物（しるもの）　間食／おやつ（かんしょく）

ことば

	英語	ベトナム語	インドネシア語
朝食／朝ごはん	breakfast	điểm tâm / bữa ăn sáng	sarapan
昼食／昼ごはん	lunch	bữa ăn trưa / cơm trưa	makan siang
間食／おやつ	snack, eating between meals	bữa ăn phụ / bữa ăn xế	snack (kudapan)
夕食／夕ごはん／晩ごはん	dinner	bữa ăn tối / cơm tối	makan malam
調味料	seasoning	gia vị	bumbu
砂糖	sugar	đường	gula
塩	salt	muối	garam
酢	vinegar	giấm	cuka
しょうゆ	soy sauce	nước tương	kecap asin
味噌	miso (soybean paste)	tương miso	bumbu dari kedelai berupa pasta
〜丼	rice bowl dish	cơm 〜	〜makanan terdiri dari nasi dan lauk yang disajikan dalam mangkuk
〜炒め	sauteed food	〜 xào	〜tumis
〜和え	food that includes vegetables with a dressing	nộm 〜 , 〜 trộn	〜rebusan sayur mayur yang dicampur dengan bumbu (biasanya mengandung wijen)
〜焼き	grilled food	〜 chiên, 〜 nướng	〜bakar
〜揚げ	fried food	〜 chiên (ngập dầu)	〜goreng
ふりかけ	furikake (dried food sprinkled over rice)	muối mè Nhật, gia vị khô	makanan taburan (semacam abon dari ikan atau rumput laut)
ご飯	rice	cơm	nasi
お粥	rice porridge	cháo	bubur

雑炊 ぞうすい	porridge of rice and vegetable	cháo lẩu, cháo zosui	bubur campur
パン	bread	bánh mỳ	roti
うどん	Udon noodles	mì udon	mie udon
そば	soba (buckwheat noodles)	mì soba	mie soba
煮物 にもの	simmered dish	món kho	makanan rebus
焼き物 やきもの	grilled food	món chiên	makanan bakar
和え物 あえもの	food that includes vegetables with a dressing	món nộm	sayur campur bumbu tabur
おひたし	side dish of boiled seasoned vegetables	món rau ăn kèm	sayur rebus yang ditaburi parutan lobak atau parutan ikan kering dan bumbu lain
酢の物 すのもの	vinegared food	món có giấm	asinan
サラダ	salad	rau xà lách	sayuran
味噌汁 みそしる	miso soup	súp miso	sup jepang
すまし汁 じる	seafood soup with salt	súp nước trong	sup miso
スープ	soup	súp, canh	sup

③ その他の掲示物

行事予定表
ぎょうじよていひょう　　event schedule ／ bảng kế hoạch sự kiện ／ daftar kegiatan

緊急時のための注意
きんきゅうじ　　　ちゅうい　　emergency notice ／ các lưu ý khi khẩn cấp ／ pedoman saat keadaan darurat

避難経路
ひなんけいろ　　evacuation route ／ lộ trình lánh nạn ／ jalur evakuasi

注意喚起
ちゅういかんき　　alert ／ nhắc nhở chú ý ／ pengingat (reminder)

各種介助の際の注意
かくしゅかいじょ　さい　　precautions for assistance ／ các lưu ý khi thực hiện các loại chăm sóc ／ perhatian untuk setiap jenis bantuan (perawatan)

衛生活動に関する掲示物
えいせいかつどう　かん　　notice of sanitation activities ／ bản tin liên quan đến hoạt động vệ sinh ／ buletin tentang kegiatan kebersihan

利用者や職員の健康を守るためのいろいろな掲示物もあります。

（例１）

* 徹底　thoroughness ／ triệt để ／ teliti
* 清潔　cleanliness ／ sạch sẽ ／ bersih
* 環境　environment ／ môi trường ／ lingkungan
* 汚物　dirty thing ／ đồ dơ ／ kotoran
* 処理　disposal ／ xử lý ／ pengolahan limbah

（例２）

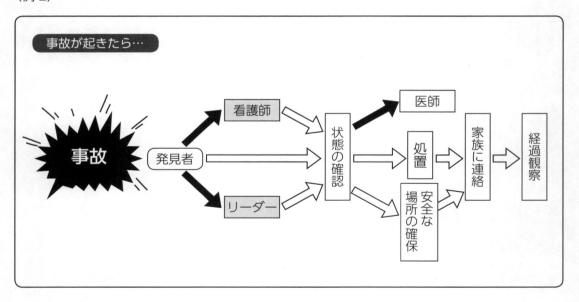

４ 説明書

（例）薬品の取扱説明書

使用に際して、この説明書を必ずお読みください。

説明書は大切に保管してください。

乾燥肌の治療薬

スベスベローション

第２類医薬品　血行促進・皮膚保湿剤

製品特長

1. 有効成分が血行を促進し、皮膚の保湿に優れた効果があります。

2. べたつかず、塗りやすいローションタイプの製剤です。

使用上の注意

×　してはいけないこと

（守らないと症状が悪化したり、副作用が起こることがあります。）

1. 次の人は使用しないでください。：出血性血液疾患の人

2. 次の部位には使用しないでください。：目や目の周り

◆相談する事

1. 次の人は使用前に医師、薬剤師に相談してください。

　　（１）医師の治療を受けている人

　　（２）薬などでアレルギー症状を起こしたことがある人

　　（３）湿疹やただれがある人

2. 使用後、次の症状が現れた場合はすぐに使用を中止し、医師、薬剤師に
ご相談ください。

　　症状：発疹・発赤・かゆみ・はれ

＊保管　storage ／ bảo quản ／ penyimpanan
＊促進　acceleration ／ thúc đẩy ／ memacu
＊保湿　moisturizing ／ giữ ẩm ／ kelembaban
＊有効成分　active ingredients ／ thành phần công hiệu ／ bahan aktif
＊悪化　getting worse ／ trở nên xấu đi ／ memburuk
＊副作用　side-effect ／ tác dụng phụ ／ efek samping

1 ▶ 127 ページの献立表を見て答（こた）えましょう。

① 9 月 3 日の夕食の主菜はなんですか。

② 9 月 1 日のおやつにはなにがありますか。

2 ▶ これは、何（なに）について言（い）っていますか。

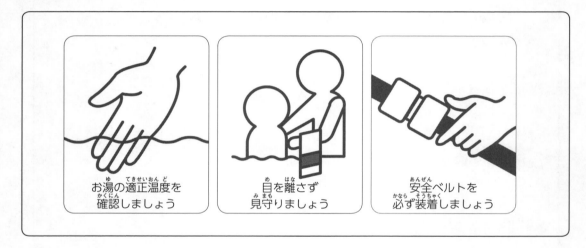

お湯（ゆ）の適正温度（てきせいおんど）を
確認（かくにん）しましょう

目（め）を離（はな）さず
見守（みまも）りましょう

安全（あんぜん）ベルトを
必（かなら）ず装着（そうちゃく）しましょう

3 ▶ 次のものは、何（なに）に使（つか）いますか。

① 洗濯洗剤（せんたくせんざい）　　＿＿＿＿＿＿＿＿＿＿＿＿＿＿＿＿

② 柔軟剤（じゅうなんざい）　　　　＿＿＿＿＿＿＿＿＿＿＿＿＿＿＿＿

③ シャンプー　　　　＿＿＿＿＿＿＿＿＿＿＿＿＿＿＿＿

④ コンディショナー　　＿＿＿＿＿＿＿＿＿＿＿＿＿＿＿

⑤ 食器用洗剤（しょっきようせんざい）　　＿＿＿＿＿＿＿＿＿＿＿＿＿＿＿

❹ 次の申し送りを読みましょう。

次のメモには何が書いてありますか。申し送りのために文を作りましょう。

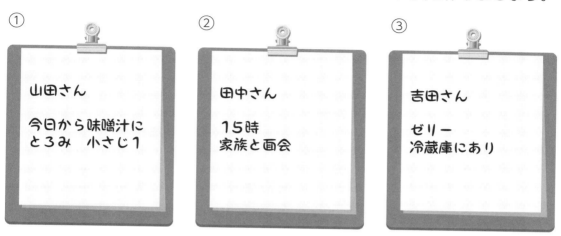

①

山田さん

今日から味噌汁に
とろみ　小さじ1

②

田中さん

15時
家族と面会

③

吉田さん

ゼリー
冷蔵庫にあり

ステップアップ

介護施設の中には、たくさんの手書きメモがあります。短いことばで書かれたメモを見て、そこから情報を正しくとらえ、文章を構築する練習をしてみましょう。申し送りの際に役立ちます。

問題発生時の対応

ウォーミングアップ

☆　利用者が目の前で転んだら、まず何をしますか。

☆　地震が起きたら、まずどうしたらいいと思いますか。

介護現場で仕事をしているときに、事故や災害などの問題が起きることがあるかもしれません。そんなとき、どうしたらいいでしょうか。

介護現場で起きるかもしれないいろいろな問題と、その解決のしかたについて考えてみましょう。

＊災害：　disaster／tai họa, thảm họa／bencana

事故による利用者の怪我や病気

1位　転倒事故

2位　転落事故

3位　誤嚥・誤飲

ヒヤリハット報告書・事故報告書

「ヒヤリハット」とは、危ないことが起きそうになって「ヒヤリ」としたり、「ハッ」としたりしたけれども、大きい事故にならなかったできごとのことです。

「ヒヤリハット」や事故についてきちんと理解して、事故を起こさないように注意することが大切です。

ヒヤリハット・事故報告書の例

分類	☑ヒヤリハット　　□事故
報告者名	マリア
利用者名	吉川竹次郎　様
発生日時	2019　年　1　月 10　日
発生場所	□居室　□居室トイレ　□トイレ　□ホール　□廊下 □食堂　□談話室　□脱衣所　☑浴室　□洗面所 □玄関　□駐車場　□送迎車　□その他
内容	浴槽から上がる際に、床で足を滑らせて転倒しそうになった。
発生時の利用者の身体不調等の有無	□あり　☑なし
負傷・受診	負傷　□あり　☑なし　　受診　□あり　□なし
対応	両脇を支えた
原因	洗い場で使ったせっけんの泡が残っており、床が滑りやすくなっていた可能性がある
再発防止策	洗った後にせっけんの残りがないか注意して流しておく

災害

日本には、次のような災害が起きることがあります。
あなたの国には、どのような災害がありますか。

	英語	ベトナム語	インドネシア語
地震	earthquake	động đất	gempa bumi
津波	tsunami	sóng thần	gelombang besar (tsunami)
台風	typhoon	bão	topan
大雨	heavy rain	mưa to	hujan lebat
大雪	heavy snow	tuyết nhiều, tuyết dày	salju lebat
洪水	flood	lũ lụt	banjir
土砂災害	landslide disaster	tai họa lở đất	tanah longsor
火山噴火	volcanic eruption	núi lửa phun trào	letusan gunung berapi

地震が起きたら

地震は突然起きます。地震が起きると地面が揺れるだけでなく、同時にいろいろな災害が発生します。例えば、家やビルが倒れたり、壊れたり、地面が割れたりしてしまいます。地震で壊れた建物などから火が出て火事になることも多いです。海の近くでは、津波も起きるかもしれません。大きい地震が起きたら、電気・ガス・水道・通信・交通が止まってしまいます。地震が起きてから困らないように準備しておく必要があります。

防災グッズ

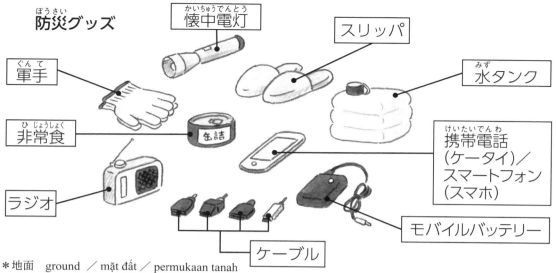

懐中電灯

スリッパ

軍手

水タンク

非常食

携帯電話
(ケータイ)／
スマートフォン
(スマホ)

ラジオ

モバイルバッテリー

ケーブル

＊地面　ground ／ mặt đất ／ permukaan tanah
＊揺れる　to shake ／ rung ／ berguncang
＊通信　communication ／ viễn thông ／ jaringan komunikasi

やってみよう

1 次の絵の中のヒヤリハットや事故を探して〇で囲み、説明しましょう

2 絵を見てヒヤリハットや事故を報告しましょう。

①

②

③

④

⑤

⑥

3 次の１～８のイラストはどの災害を表していますか。

①  ○

②  ○

③  ○

④  ○

⑤  ○

⑥  ○

⑦  ○

⑧  ○

a. 台風　b. 大雨
c. 地震　d. 津波
e. 土砂災害　f. 大雪
g. 洪水　h. 火山噴火

4 次の物の名前を書きましょう。

1 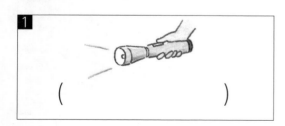 (　　　　　　　)

2  (　　　　　　　)

3 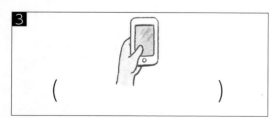 (　　　　　　　)

4  (　　　　　　　)

索引
Index ／ Chỉ mục ／ Indeks

索引

索引

索引

介護のにほんご１年生 　解答

Answer ／ Giải đáp ／ Lembar jawaban

Lesson 1
日本の介護現場事情

p.23（1）

①１億2000万　②a. だんだん高齢者が多くなっている社会　b. 高齢者が多い社会　c. 高齢者がとても多い社会

p.23（2）

①若者　②核家族　③単独世帯　④家族

p.24（3）

①かいごふくしし（ e ）　②さぎょうりょうほうし（ c ）　③えいようし（ d ）　④しせつちょう（ a ）　⑤りがくりょうほうし（ b ）　⑥かいごしえんせんもんいん（ f ）

Lesson 2
自己紹介

p.35（1）

①（はじめのあいさつ）はじめまして　（名前）自分の名前 と申します。（出身地）出身地（というところ）からまいりました。（抱負）抱負（終わりのあい

さつ）どうぞ、よろしくお願いいたします。

②省略

p.36（2）

①きょしつ・居室　②しょくどう・食堂　③だついじょ・脱衣所　④そうこ・倉庫

Lesson 3
介護現場でよく使うことば

p.42（1）

①食事介助　②入浴介助　③排泄介助　④歩行介助　⑤移乗介助　⑥口腔ケア

p.42（2）

①しょくじ　②はいせつ　③にゅうよく　④いどう　⑤せいよう　⑥こうい　⑦おむつこうかん　⑧たいいこうかん

p.43（3）

①更衣・着替える　②清拭・体を拭く　③洗髪・髪を洗う　④検温・体温を測る　⑤配膳・食事を配る　⑥仰臥位・仰向け　⑦側臥位・横向き　⑧伏臥位・うつぶせ　⑨褥瘡・床ずれ　⑩浮腫・むくみ　⑪義歯・入れ歯

p.44（4）　①ちゃくい　②だつい　③

んとう　⑦こうくうけあ　⑧ぎょうがい

⑨ふくがい　⑩そくがい　⑪じょくそう

⑫ふしゅ　⑬ぎし　⑭そしゃく

Lesson 4
丁寧なことば

p.53（1）

①行きます→いらっしゃいます　言います→おっしゃいます　寝ます→お休みになります　知っています→ごぞんじです　います→いらっしゃいます　見ます→ごらんになります　食べます→召し上がります　します→なさいます　飲みます→召し上がります　くれます→くださいます

②書きます→お書きになります　持ちます→お持ちになります　買います→お買いになります　作ります→お作りになります

③読みます→読まれます　話します→話されます　呼びます→呼ばれます　移ります→移られます　乗ります→乗られます　横になります→横になられます

p.54（2）

①行きます→まいります　食べます→い

ただきます　来ます→まいります　飲みます→いただきます　します→いたします　もらいます→いただきます　います→おります　言います→申します／申し上げます　知っています→存じております　会います→お目にかかります

②連絡します→ご連絡します　貸します→お貸しします　説明します→ご説明します　取ります→お取りします　案内します→ご案内します　手伝います→お手伝いします　紹介します→ご紹介します　持ちます→お持ちします　知らせます→お知らせします

p.55（3）

①よくお休みになりましたか　②着替えられますか／お着替えになりますか　③私がお持ちしましょうか　④ご家族がいらっしゃいました　⑤私から施設長にご報告します　⑥どうぞ召し上がってください　⑦鈴木さんの絵をごらんになりましたか　⑧いままいりますので、お待ちになってください

Lesson 5
体に関することば（体の部位）

p.61（1） → p.58

p.62（2） → p.59

p.63（3） → p.57

Lesson 6
体に関することば（体の内部）

p.68（1）

①しょくどう　②じんぞう　③ぼうこう
④しょうちょう

p.68（2） ①背中、足の付け根、手首、腕の付け根

②

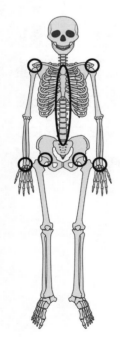

p.69（3） → p.67

p.70（4）

①減って　②折れやすく　③転倒　④咳
⑤骨折　⑥寝たきり

Lesson 7
体調と体質に関することば

p.76（1）

①たいしつ　②ろうか　③びょうき　④きおうしょう　⑤じびょう　⑥しっぺい
⑦しっかん　⑧しょうがい　⑨しょうじょう　⑩しょくよく

p.77（2）

① ——— とても太っています。
② ——— 病気やけがの状態です。
③ ——— 長い間その病気にかかっています。
④ ——— 病気のことです。
⑤ ——— 少し熱があります。

p.77（3）

①測り、高い　②肺炎　③不良

Lesson 8
病気と病状に関することば（体の状態）

p.86（1）

①ようつう

②まひ

③じょくそう

④げんごしょうがい

⑤はいかい

p.87（2）

吐き気、発熱、脱水、鼻づまり、咳

p.87（3）

①物盗られ妄想　②帰宅願望　③暴力

p.88（4）

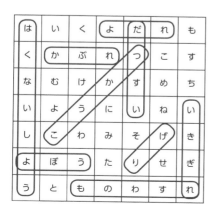

Lesson 9
様子をあらわすことば

p.97（1）

①がんがん　②きりきり　③ぞくぞく
④ひりひり

p.97（2）

①ずきずき　②ひりひり　③ずるずる
④ぺこぺこ

p.98（3）

①ぼんやり　②ゆっくり　③すっきり
④さっぱり

Lesson 10
介護記録を読む・書く

p.105（1）

（例）鈴木さんの娘さんが、プリンを持ってきた。冷蔵庫に入れておいて、おやつのときに出した。

p.106（2）

にんちしょう・ni n(n) ti/chi syo/sho u
②ないしゅっけつ・na i syu/shu kke tu/tsu　③ねたきり・ne ta ki ri　④まひ・ma hi　⑤じょくそう・zyo/jyo/jo ku so u　⑥げんごしょうがい・ge n(n) go

解答

syo/sho u ga i　⑦のうこうそく・no u ko u so ku　⑧はいかい・ha i ka i　⑨はなづまり・ha na du ma ri　⑩ぼうりょく・bo u ryo ku　⑪はつねつ・ha tu/tsu ne tu/tsu　⑫なんちょう・na n(n) tyo/cho u　⑬だっすい・da ssu i

Lesson 11
申し送り

p.114（1）　①例

利用者	情報	指示
井上	食欲がない ・体重↓ ・自分で食べない	・スプーンを持たせて完食できるよう見守る
松本 （ショートステイ）	・89 歳 ・歩行困難 ・10：30 到着	・玄関に車いすを準備

②例

井上様は食欲がなくて体重が減りました。自分で食べません。スプーンを持たせて完食できるよう見守ってください。
ショートステイの松本様は89歳です。歩行が困難です。10：30に到着します。玄関に車いすを準備しておいてください。

p.115（2）　①例

利用者	情報	指示
佐々木	・疲れていて風呂に入りたがらない ・37.3℃ ・体を拭いた ・午後は平熱	・熱が上がったら医師に連絡

②例
佐々木様は疲れているようでした。熱が37.3℃あったので、お風呂に入らないで体を拭きました。午後は平熱になりました。また熱が上がったら医師に連絡してください。

Lesson 12
声掛け、傾聴

p.124（1）
①ゆうべはよく眠れましたか。　②体調はいかがですか。　③体温／熱を測りましょうか。／熱を測りますね。　④食事の時間ですよ。食堂へ行きましょう。　⑤車いすに移りましょう。

Lesson 13
大切な情報を読む

p.132（1）
①ハンバーグ　②みたらし団子
p.132（2）
安全に風呂に入ることについて

p.132（3）

①洗濯、服を洗う　②洗濯、服を洗う
③髪の毛を洗う　④髪の毛を洗う　⑤食器を洗う

p.133（4）例

①今日から山田さんの味噌汁にとろみを小さじ1杯入れてください。
②15時に田中さんの家族が面会にいらっしゃいます。
③吉田さんのゼリーが冷蔵庫に入れてあります。

Lesson 14
問題発生時の対応

p.137（1）

①下に落ちたものを拾おうとして車いすから落ちそうになっている　②テレビを見ながら寝てしまい、椅子から落ちそうになっている　③ティッシュを食べている　④別の利用者をたたいている　⑤歩行器で歩いていて転倒

p.138（2）①ベッドから降りるとき、壊れていたベッドのグリップにつかまって、転倒しそうになった。
②トイレに座れなくてしりもちをついた。
③車いすから立ち上がってタンスの上にあるものを取ろうとして、転びそうになった。
④車いすから落ちて、テーブルに首がかかった。
⑤歩行器がマットにひっかかって転びそうになった。
⑥車いすに座ったまま床に落としたものを拾おうとして転びそうになった。

p.140（3）

①g　②d　③a　④e　⑤h　⑥f　⑦c　⑧b

p.140（4）

①懐中電灯　②軍手　③携帯電話（ケータイ）／スマートフォン（スマホ）　④充電器

[著者紹介]

加藤真実子

東京都立大学オープンユニバーシティ「介護の専門日本語講座」講師
早稲田大学日本語教育研究センター　インストラクター
・Economic Research Institute for ASEAN and East Asia (ERIA) プロジェクト　内閣官房委託事業 "Development of New Japanese Proficiency Test Focusing on Japanese Communication in Carework" 研究スタッフ（技能実習2号のための「介護の日本語 Can-do ステートメント」作成）
・厚生労働省「外国人介護人材の介護技能及び日本語能力の評価方法に関する調査研究事業」日本語能力委員（特定技能1号「介護の日本語評価試験」基準作成）
・特定技能評価試験対応テキスト検討委員会委員（厚生労働省補助事業）

奥村恵子

明治学院大学国際学部助教
・Economic Research Institute for ASEAN and East Asia (ERIA) プロジェクト　内閣官房委託事業 "Development of New Japanese Proficiency Test Focusing on Japanese Communication in Carework" 研究スタッフ（技能実習2号のための「介護の日本語 Can-do ステートメント」作成）
・厚生労働省「外国人介護人材の介護技能及び日本語能力の評価方法に関する調査研究事業」日本語能力委員（特定技能1号「介護の日本語評価試験」基準作成）
・特定技能評価試験対応テキスト検討委員会委員（厚生労働省補助事業）

生出亜希

・Economic Research Institute for ASEAN and East Asia (ERIA) プロジェクト　内閣官房委託事業 "Development of New Japanese Proficiency Test Focusing on Japanese Communication in Carework" 研究スタッフ（技能実習2号のための「介護の日本語 Can-do ステートメント」作成）

介護のにほんご 1 年生
― 現場でさいしょに使うことば・表現

2019 年 7 月 25 日初版　第 1 刷　発行
2024 年 1 月 10 日初版　第 2 刷　発行

著者	加藤真実子、奥村恵子、生出亜希
翻訳	英語　　　　　　Shinji Okumura
	ベトナム語　　　Nguyen Do An Nhien
	インドネシア語　Wiastiningsih、Lukman Hakim
校正協力	Aris Patma Pujiantoro（介護福祉士）、Malcolm Hendricks
カバーデザイン	岡崎裕樹（アスクデザイン室）
本文デザイン・DTP	株式会社クリエーターズユニオン
イラスト	森邦生
発行人	天谷修身
発行	株式会社アスク
	〒 162-8558　東京都新宿区下宮比町 2-6
	電話 03-3267-6864　FAX 03-3267-6867
印刷・製本	株式会社 光邦

許可なしに転載、複製することを禁じます。
©Mamiko Kato, Keiko Okumura, Aki Oide 2019
ISBN 978-4-86639-281-3

アンケートにご協力ください
PC https://www.ask-books.com/support/　Smartphone